O PSICÓTICO E O PSICANALISTA

O PSICÓTICO E O PSICANALISTA

Jacques Borie

TRADUÇÃO
Luciana Silviano Brandão
Ana Lydia Santiago

Coleção BIP
Biblioteca do Instituto de Psicanálise

© Relicário Edições
© Jacques Borie

CIP –Brasil Catalogação-na-Fonte | Sindicato Nacional dos Editores de Livro, RJ

B734p
    Borie, Jacques
        O psicótico e o psicanalista/ Jacques Borie; Tradução de Luciana Silviano Brandão e Ana Lydia Santiago. – [1.ed].
        Belo Horizonte : Relicário Edições, 2023.
        168 p. (Coleção BIP – Biblioteca do Instituto de Psicanálise)
        Inclui notas

        ISBN: 978-65-89889-83-0

        1. Psicanálise. 2. Psicose. 3. Clínica psicanálitica. I. Brandão, Luciana Silviano. II. Título.

        CDD 618.928982

COLEÇÃO BIP – BIBLIOTECA DO INSTITUTO DE PSICANÁLISE
DIREÇÃO Ana Lydia Santiago

CONSELHO EDITORIAL
Antonio Beneti
Elisa Alvarenga
Francisco Paes Barreto
Sérgio Laia

COORDENAÇÃO EDITORIAL Maíra Nassif Passos
EDITOR-ASSISTENTE Thiago Landi
PREPARAÇÃO Virgínia Junqueira
REVISÃO Lucas Morais e Silvia P. Barbosa
CAPA Ana C. Bahia
DIAGRAMAÇÃO Cumbuca Studio

RELICÁRIO EDIÇÕES
www.relicarioedicoes.com
contato@relicarioedicoes.com

SUMÁRIO

Prefácio 7
Preâmbulo 11
Abertura 15

PARTE I – ORIENTAR-SE NA PRÁTICA 25

I. PEQUENO HISTÓRICO 27
II. A TRANSFERÊNCIA COMO PROBLEMA 35
III. A PSICOSE HOJE 45
IV. UMA PRÁTICA ORIENTADA PELO ÚLTIMO LACAN 57
V. O ESTILO QUE CONVÉM: PRAGMÁTICO, DEMOCRÁTICO, IRÔNICO 69

PARTE II – A GALERIA DOS INVENTORES 77

VI. BRICOLAR PARA VIVER 79
VII. DO MACHADO AO LÁPIS 89
VIII. ARMISTÍCIO 95
IX. *EU EM SONY* 105
X. SOMBRA E LUZ 111
XI. URGÊNCIAS 117
XII. SE VIRAR COM O SEM INTERVALO 129
XIII. O AUTISTA, O PSICANALISTA E O PRESIDENTE 137

Conclusão 151
Posfácio 153
Referências bibliográficas 157
Notas 161

PREFÁCIO
UM ASILO NA LAGOA

François Ansermet[1]

Foi às margens da Lagoa de Veneza que me debrucei sobre o manuscrito desta obra. O local era particularmente adequado: um antigo hospital psiquiátrico transformado em hotel. A arquitetura, à minha chegada, me surpreendeu. Os edifícios de linhas paralelas, com janelas de molduras altas, tudo de uma regularidade apaziguante, mas que assina o confinamento da "instituição total" – esse local de residência e trabalho "onde um grande número de indivíduos com situação semelhante, separados da sociedade mais ampla por um considerável período de tempo, levam uma vida fechada e formalmente administrada".[2] O psicótico poderia, talvez, encontrar um limite ao gozo em excesso que nele prevalece, mas seria certamente pelo preço de que ele próprio se tornasse objeto de gozo de uma instituição que lhe levava sua identidade, sua história, seus direitos. Uma amputação total de si por uma instituição total, cortado do mundo, extraindo o que se encontra da temporalidade comum para o colocar em um tempo suspenso, repetitivo, um tempo fora do tempo, característico das instituições que acabavam por definir como crônicos os sujeitos que administravam.

O mundo felizmente fechou, em alguns lugares, esses asilos que faziam com que os próprios estrangeiros que ali já estavam se tornassem ainda mais estrangeiros; mas o que se tornaram, a partir de então, os psicóticos? Onde estão eles? Ao querer apagar o nome nas classificações, ao não mais nomeá-los como tais – em todo caso, na psiquiatria –, não reconhecemos mais o sofrimento como um lugar endereçado.

Desde o fim do século XVIII, a loucura vinha, por um tempo, fazendo escala na clínica. Onde ela se encontra agora? Pode ser que, por não se reconhecer o psicótico como tal, as perseguições e certezas às quais ele se encontra sujeito levaram-no a se tornar violento, destrutivo. Seria do lado do antissocial e do criminal que ela retorna, do lado do horror, em vez de do lado da sua verdade?

Partindo da hipótese de que a ideia de loucura deixou a psicose para ir ao encontro da violência, remetemo-nos a uma psicologia ou a uma neurobiologia da psicose, permanecemos ainda e sempre com a ideia de uma falta isolada. Para Jacques Borie, a psicose é lógica, e não psicológica; uma lógica a ser localizada além da foraclusão do Nome-do-Pai. Lacan colocava, ao fim de seu ensino, a questão de um *continuum* em vez de conceber as estruturas estanques umas às outras. Jacques Borie, por sua vez, fala de uma generalização da foraclusão.

É assim que ele vê o psicótico: antes de tudo, como aquele submetido a um gozo sem limites. Pode ser isso o que caracteriza o mundo pós-moderno, a época da errância de um sujeito deixado sem bússola: desbussolado[3] diante da pouca transmissão simbólica. Sendo assim, para o psicanalista, não se trata de se contentar com um ponto de vista nostálgico que coisifique valores passados, mas de recriar uma clínica que possa sustentar as apostas de uma nova época.

Como contraponto, retornando ao início de minha leitura do manuscrito de Jacques Borie nesse hospital psiquiátrico reformado, tive a impressão, em alguns momentos, de devolver a vida àqueles que viveram nesses lugares, como se eles reencontrassem uma história, uma presença, uma singularidade. Tive a impressão de encontrá-los, um por um, encarando o enigma daquilo que poderia tê-los levado a mergulhar nesse universo congelado, fora do tempo. De repente, eles estão lá, põem-se a falar, a dizer do inaudito ao qual estavam presos. Seu impasse retornou aos corredores vazios do hospital psiquiátrico com, ao longe, a vista de São Marcos.

Para encontrar um psicótico, como diz Jacques Borie, ainda é necessário consentir com "o momento de perplexidade que inaugura o encontro". Um encontro ao coração deste livro, que nos convida para essa outra maneira de lidar com o psicótico, quem ele defende, como implica a psicanálise. Como Borie escreve, ainda é necessário saber fazer ressoar o enigma para dar lugar à elaboração do sujeito, fora do senso comum. É assim que entendemos, ao lê-lo, que a psicanálise resta como um dos últimos lugares para receber o psicótico, contanto que não recuemos diante do impacto e do efeito de perplexidade que o enigma do psicótico exerce sobre o psicanalista. Ainda é necessário que ele ouse se arriscar na circularidade psicótica, que, essencialmente, se passa consigo. É uma psicanálise que procede da aposta que um espaço possa se abrir para que uma invenção tenha lugar, para além do que não cessa de se repetir.

Para isso, trata-se de aceitar o ponto de impossível que implica tal prática, sobre a qual Jacques Borie faz um paradoxo central próprio à clínica psicanalítica das psicoses. Seu questionamento se estreita ao redor deste paradoxo: como tratar daquele que sofre do real da língua por meio da própria língua? Entendemos que o psicanalista não tem outros meios. Com o psicótico, estamos lidando com o excesso de real da língua. Lacan dirá até que "o psicótico é um mártir do inconsciente".[4] Ele é habitado pela linguagem, possuído por ela, ali onde o neurótico a habita. Esse excesso cheio de real da língua o domina, o desarma, o faz *tagarelar*. Como lidar com esse paradoxo? Mesmo que a psicanálise se implique em ensinar o que não se ensina,[5] Jacques Borie fornece os indicadores para uma clínica psicanalítica das psicoses, na qual o analista deve proceder no tratamento de modo inverso àquele do neurótico. Trata-se de apostar no impossível para abrir o campo das possibilidades. Trata-se de constituir alguma coisa, em vez de desfazê-la. No que concerne ao analista, entre paradoxo e semblante, trata-se de abrir espaço para que o psicótico encontre saída por meio de invenções. Jacques Borie expõe, em seu livro, uma verdadeira galeria desses inventores que os psicóticos podem se tornar. Lembra-nos, assim, que a loucura, como escreve Lacan, é uma falha aberta,[6] virtual e permanente, que pode se revelar destrutiva, mas que pode também oferecer aos outros a possibilidade de uma questão que, às vezes, é imprevisível. Transmitindo os efeitos dessa clínica – finalmente sempre nova e a se renovar caso a caso –, Jacques Borie nos entrega, a partir de seu trabalho, os desafios da experiência psicanalítica com os sujeitos psicóticos.

Veneza, Genebra, setembro de 2011

PREÂMBULO
ENCONTROS

Como testemunhar, enquanto psicanalista, a experiência que representa o encontro com sujeitos psicóticos, um por um? Isso supõe, antes de tudo, se desfazer de seu saber e de suas supostas competências, pois, como nos ensina Lacan se endereçando aos psiquiatras,[7] face ao enigma que esses sujeitos constituem, trata-se de saber como nós mesmos nos encontramos concernidos nesse encontro. Por isso é mais frequente que a angústia se manifeste diante do louco. Querer oferecer a esses sujeitos a possibilidade da experiência analítica como tratamento de seu impossível de suportar convoca, com efeito, um real que se trata de testemunhar.

De minha parte, já fazia algum tempo que o desejo de iniciar uma prática de analista tinha germinado em mim, mesmo que tenha sido sob uma modalidade bastante neurótica: não seria uma impostura ousar dar esse passo? Entre dúvidas, receio e desejo, oscilava sem de fato chegar a me decidir. Foi quando recebi um inesperado chamado telefônico do qual não conseguia me esquivar: um homem queria me encontrar a todo custo porque eu era, como ele disse, "lacaniano". Aceitei, não sem alguma hesitação. Esse primeiro encontro foi um momento de extrema estranheza, sem dúvida devido ao aspecto inabitual dessa pessoa travestida de Cristo – barba cerrada, olhar exaltado – embrulhado em um casaco coberto de lama. Ele logo me explicou que, enquanto vinha ao meu encontro, uma voz o intimou a jogar seu casaco em uma poça, pois não era digno de se apresentar "apropriadamente" em nosso encontro.

Foi assim que se revelou para mim, em toda sua radicalidade, a problemática do psicótico. Ao contrário do ato faltante do neurótico, era o excesso de real da língua que se manifestava desde o início, e ele pediu um tratamento urgente. Ele me explicou que, para ele, o "lacaniano" no qual se sustentava sua demanda vinha do que sabia de Lacan: "O homem da língua", segundo sua expressão. Tomando cuidado para não me identificar ao lacaniano ideal, recebi-o, então, com o objetivo de localizar o que havia de real nessa demanda assim articulada.

Concluí em ato que o tempo não era para procrastinação e que não havia outra escolha a não ser me fazer o parceiro do gozo paradoxal daquele sujeito: tratar o real da língua pela própria língua. Isso lhe permitiu uma pacificação, em particular, em sua relação com a voz. Não foi sem surpresa que constatei, depois disso, que eu havia consentido em ocupar o lugar do analista de maneira aplicada. Isso produziu uma consequência que não cessa: se esse encontro foi, para mim, a ocasião de dar esse passo – até então muito incerto – do tornar-se analista, isso orientou, a partir daí, de maneira privilegiada, meus trabalhos de pesquisa sobre a questão do tratamento dos psicóticos e do real da língua que isso implica.

Como o praticante pode superar o paradoxo devido ao fato de que ele não dispõe de nada além da palavra para aliviar o sujeito do sofrimento que a língua lhe inflige? Pois a linguagem é um muro intransponível, sem mais-além – o que Lacan formulará dizendo "Não há metalinguagem"[8] –, não há outra via a não ser a de explorar os múltiplos usos que a própria língua oferece. A língua pode tanto ser um abrigo quanto uma ameaça, e mesmo uma intrusão; ela é tanto uma reserva infinita de sentidos quanto de sem-sentidos radical para o poeta, que pode fazer dela tanto um *haiku* como um longo romance. A formação analítica serve justamente para saber se orientar nesses diferentes estatutos da língua, a fim de poder servir-se dela da boa maneira. Assim, acreditar que a linguagem serve de início à comunicação conduz certamente a um impasse.

Esse encontro inaugural me faz lembrar de um outro, bem anterior, que me marcou de forma perturbadora. Eu era na ocasião um jovem estudante de psicologia e assistia à conferência que Lacan veio proferir em Lyon, intitulada *Meu ensino*.[9] Estávamos em 1967. Fui tocado pela originalidade das palavras que Lacan sustentava em um mal-entendido generalizado, mas o que mais me marcou foi um pequeno instante imprevisto. Eu estava em um canto onde, ao chegar, o conferencista havia deixado seu casaco, e, ao final, ele me fez um pequeno sinal para que eu o lhe restituísse. Evidentemente, apressei-me em pegar o casaco para lhe entregar. E, aí, enquanto o vestia, Lacan se inclina em minha direção de uma maneira extremamente atenciosa e me diz com sua voz inimitável: "Ah... como você é gentil!". Ainda que esse enunciado tenha sido desprovido de qualquer significação misteriosa a ser decifrada, guardo disso um afeto estranho ligado à defasagem entre a banalidade do propósito e sua enunciação singular. Por muito tempo guardei a lembrança de algo enigmático e, mais tarde, de um sentimento de admiração, no sentido que Descartes dá quando afirma: "A admiração é a primeira das paixões, pois ela encarna a surpresa diante do desconhecido e do novo".[10] Nessa ocasião, em que eu fui a presa, o desconhecido foi essa capacidade única do estilo de Lacan de fazer ressoar a alteridade no seio do familiar.

Esses dois momentos de encontro tiveram, para mim, um efeito de orientação da minha prática. Deduzi que o que convinha fazer com os sujeitos psicóticos seria, antes de tudo, consentir com esse momento de perplexidade que inaugura o encontro. Ora, frequentemente, a perplexidade é situada do lado do sujeito tomado pelos fenômenos elementares prévios ao desencadeamento delirante. O psicanalista deve tomar para si o fato de *saber fazer ressoar o enigma* para dar lugar à mais singular elaboração do sujeito, fora do senso comum.

O estilo de Lacan, pretensamente obscuro, não visa, entretanto, nenhum esoterismo. Tem, ao contrário, a intenção de incitar o leitor a se resguardar de compreender muito rápido. Nisso, ele é congruente com a prática junto a sujeitos psicóticos, na qual a primeira ideia nunca é a melhor, pois está frequentemente ligada aos preconceitos do senso comum, aquele que se deduz do recalque.

Aliás, não sem certa ironia, ocorreu a Lacan apresentar-se como psicótico: "Eu sou psicótico pela única razão que eu sempre tentei ser rigoroso".[11] Fazer do psicótico seu mestre em rigor lógico tem, por consequência, um consentimento com o momento de perplexidade diante do enigma do sujeito. São as duas vertentes que permitem se proteger contra o possível apelo ao sentido que o enigma suscita. O ponto em comum ao lógico e ao psicótico é o de apostar na inexistência da referência, e não na representação. É essa aposta audaciosa que força o sujeito a ser criativo. Eis, então, alguns exercícios de flexibilização necessários para uma justa disciplina da conversação.

Aliás, este livro não esconde sua aposta política, pois pretende ser uma resposta aos ataques contra a psicanálise, que, desde 2003, vêm de todo lado – da parte dos defensores do cientificismo e do higienismo contemporâneo, deixa-nos, na melhor das hipóteses, a tarefa de tratar as tristezas da alma. Esses ataques tomaram uma dimensão epistemológica, visando a naturalizar a loucura para deixá-la nas mãos dos laboratórios farmacêuticos e do comportamentalismo. Assim, Jean Cottraux, promotor-chefe no Hexágono das terapias ditas cognitivas e comportamentais e coautor do tristemente célebre *Livro negro da psicanálise*, convida, sobretudo, a "nunca encaminhar psicóticos aos psicanalistas, pois essa é uma doença do cérebro".[12] Seria um acaso se, ao mesmo tempo, a loucura fosse apresentada à maioria como um perigo para a população, que se deve remediar com medidas de confinamento reforçado e novas leis coercitivas? Desejando erradicar a loucura do coração do humano, é o laço social, em sua essência, que se encontra atingido pela inflação dos processos de segregação. Essas engrenagens múltiplas têm, ao menos, a vantagem de nos incitar a tornar ainda mais públicos nossos resultados, em uma época na qual cada vez mais os psicóticos são levados a consultar um analista.

Lacan desejava que o psicanalista desse conta daquilo que a sua "prática tem de perigoso", e era preciso, para isso, "incentivá-lo a declarar suas razões".[13] Quer dizer que o saber – especialmente no que concerne ao psicótico – não é prévio, mas a ser verificado na prática e deduzido da experiência quando podemos colocá-la em série sem totalização.

Enfim, este livro põe em série diversos casos em que o gosto pela singularidade é requerido para apreciar tanto a cor quanto o esforço. Para conter a inclinação universalizante de nossa época é necessário cultivar o amor pelo mais singular e desejar transmitir os ensinamentos. Deve ser possível compartilhar isso. É também sobre esse ponto que a apreciação do leitor é solicitada.

ABERTURA
FRAGMENTOS

Nossa experiência clínica junto a sujeitos psicóticos nos revela sua propensão à invenção, que se deve, em parte, a sua não inscrição no discurso corrente. Não podendo lançar mão do senso comum que produz o recalcamento, eles são, de alguma maneira, forçados a encontrar uma solução singular a partir de seu inconsciente dito "a céu aberto", mais além da comunidade de sentidos. Trata-se, assim, para eles, antes de tudo, de inventar para si um corpo, pois a linguagem não lhes permite localizar o gozo fora do corpo, ou seja, nos orifícios, em conformidade com a lei pulsional que faz do corpo um deserto de gozo.

Essa falha na inscrição em um discurso normatizado fornece também o estilo, frequentemente surpreendente e enigmático, à sua enunciação: as palavras surgem sem que saibamos sobre sua ligação com a história do sujeito. Ao contrário daquilo que se apresenta no neurótico, a dimensão do relato biográfico é quase ausente, ou, então, toma a forma de elementos isolados, de restos erráticos com mais status de pedaços de real do que de construções articuladas. Torna-se necessário apreender o alcance dessas descobertas estando atentos não tanto ao sentido, mas ao uso que o sujeito faz delas.

Os fragmentos a seguir valem por si só: pedra saliente ou angular, letra no limite do corpo e da língua, ou mesmo objeto utilizado de maneira totalmente inabitual, ou, ainda, nomeação estranha, etc. A variedade é infinita e cada elemento vale apenas para um sujeito, por vezes somente para um momento preciso de seu percurso. Em cada caso, entretanto, o analista que se faz de depositário deve se furtar de compreender – caso contrário, certamente se enganará na direção do tratamento.

Consequentemente, o fragmento vai ao encontro da elucubração do inconsciente, que, sobre os cacos de *lalíngua*,[14] constrói, a posteriori, um saber quase sempre delirante, em todo caso, mentiroso em relação ao real. Do mesmo modo, nem toda surpresa abre forçosamente uma via ao tratamento; pode acontecer disso levar a algum impasse próprio ao delírio em si. Apresentaremos exemplos, pois não se trata de idealizar a inclinação à invenção do psicótico. Com efeito, ela pode favorecer mais o isolamento que o laço, e o analista corre o risco de se tornar parceiro da realização do gozo e não de seu tratamento.

* Para Jérémie, o problema diz respeito sobretudo à questão da paternidade. Ele se aflige por não poder assumir sua função de pai perante seus três filhos. Quando estes o solicitam nesse registro, mergulha em uma grande perplexidade que o deixa sem resposta. Ele teme particularmente os aniversários, cuja comemoração o obriga a se ausentar fisicamente.

Um dia, ele chega para sua sessão manifestando uma alegria inabitual. Na véspera havia sido o aniversário de seu filho e ele pôde participar sem angústia das festividades familiares. "O que aconteceu?", pergunta o analista. Naquela tarde, ele havia ajudado esse filho a arrumar seu novo quarto de estudante. Ele se lembra de ter instalado um carpete novo: "Enquanto eu estava no chão, preparando o piso, senti um alívio em mim. Estava dando um suporte concreto a meu filho e não havia mais o imperativo de fugir como de costume por ocasião de seu aniversário". Ainda que provisória e parcial, essa solução, encontrada quando ele estava literalmente no chão ajudando seu filho de maneira pragmática, constitui-se um apoio para o sujeito; ele serviu-se disso como se fosse um fio para operar uma junção do corpo e da língua.

* Em seu trabalho analítico, Marie, por sua vez, se dedica a responder à invasão de um excesso de real da língua que a faz escutar os enunciados do outro como intrusivos, especialmente ao despertar, quando seu marido ou seus filhos se endereçam a ela. Ela ocupa-se inicialmente de tratar o próprio som, a fim de humanizar a voz, introduzindo, aí, uma falta. Ela inventa diferentes maneiras de fazer, vários dispositivos minúsculos que contribuem para produzir esse efeito: por exemplo, escutar o rádio pode ser apaziguador, mas à condição que seja difundida uma voz doce e harmoniosa. O conteúdo do que é dito não tem nenhuma importância; o que conta é apenas a modulação da matéria sonora. Ela pôde, assim, encontrar uma voz que lhe convinha nas ondas da rádio *France-Culture*, e reencontrá-la, a cada despertar, conta muito para ela.

Mas esse procedimento não é suficiente. É igualmente necessário ser ativa em relação ao som, o que ela faz cantando ou tocando piano. O instrumento lhe "restitui a sensação de ter os pés no chão" e graças ao canto ela circunscreve o que lhe é necessário e que nomeia assim: "o barulho do nada reencontrado". Ela nota também a importância da presença de seu gato, que a segue por todo lado desde a hora em que acorda. Encarnando para ela o sinal familiar do "ronrom da vida", ele a apazigua. Um outro hábito lhe é indispensável para poder dar conta do trabalho: é a passagem pelo café vizinho, onde ela conversa com o proprietário sobre o tempo, etc. Esse momento de reintegração na língua comum, a partir de pouquíssimo sentido, contribui para sua refamiliarização com a realidade cotidiana. Ele deve ser reiterado a cada dia. Isso lhe permite passar, de alguma forma, da língua como comando para a língua como habitat.

Ainda, com Marie, as sessões se revestem com frequência do caráter de uma conversação em torno das diversas maneiras de lidar com o real. Aparentam-se a uma pragmática da língua, desarrimada da busca de sentido.

* Fabienne, que vive e trabalha na Inglaterra desde seus quinze anos, vem de tempos em tempos à França para encontrar seu analista. Ela nunca pôde viver em outro lugar que não fosse no exterior, no estrangeiro, e todos os seus encontros amorosos são colocados sob esse signo do estrangeiro. Ao longo das sessões, fica claro que essa necessidade de encontrar abrigo em uma língua que não fosse a língua materna remonta a um momento decisivo de sua vida: "Aos onze anos, quando entrei no sexto ano, eu ouvi alguém falar inglês pela primeira vez e soube imediatamente que era isso o que eu precisava". Sofrendo, então, de escutar demasiado o imperativo materno proferido em francês, ela teve de encontrar um habitat mais à sua medida.

Ela procura também, na análise que faz em francês, um compromisso entre o que, de um lado, sobressai de sua escolha, e aquilo que, de outro, sobressai da herança; isso se assemelha a um trabalho de tradução visando a tornar o uso do francês mais leve.

* Muriel é uma matemática de renome, docente e coordenadora de pesquisas na universidade, publica em revistas internacionais, mas sua vida fora da matemática é difícil. As relações que mantém com seu entorno são conflituosas. Seja com sua família, seus vizinhos ou seus colegas, ela não entende o que querem dela, e toda demanda se apresenta a ela como inquietante, marca de falsidade e trapaça ou de malevolência oculta. Mesmo quando dá aulas, toma as perguntas dos alunos como ameaçadoras. Ela só se sente bem na pesquisa pura, quando é confrontada com um problema matemático reclamando o encadeamento de fórmulas. Sua preocupação com a beleza da demonstração lhe rendeu o reconhecimento de seus pares, por seu espírito rigoroso e seu estilo original. Esse sujeito encontrou, portanto, nas matemáticas, o abrigo do sem-sentido, mas trata-se também de inventar um certo saber-viver com os pequenos outros com os quais a troca é inevitável. É isso que a conversação analítica procura polir pouco a pouco.

* A Sra. F. está sempre tendo dificuldade para sustentar seu corpo. O laço entre as diferentes partes de seu corpo e a imagem que lhe reenvia o espelho não lhe parece incontestável, o que lhe dá um sentimento de estranheza incompatível com uma experiência de unidade. Assim, desde sua mais tenra infância, ela recorreu à prática do desenho para lhe permitir apreender e sentir a unidade do corpo próprio: "Desde que aprendi a segurar um lápis, faço desenhos de anatomia". Essa prática consistia em reproduzir minuciosamente cada parte do corpo, uma a uma, antes de arquivá-las cuidadosamente em cadernos. Devido à falta da imagem do corpo, o problema era criar um laço entre os pedaços para obter uma unidade: para isso, ela utilizava um sistema de referências por meio de códigos. Essa atividade gráfica, iniciada aos três anos, nunca se interrompeu; ela lhe assegura certa continuidade para tratar o problema do laço entre a imagem e a palavra, ou seja, entre o imaginário e o simbólico. Esse laço não tinha para a Sra. F. nada de natural, ela deve inventá-lo sem cessar. Ela descobriu como designar essa prática com uma expressão que nos divertia muito na sessão: "etimologista da imagem"; trata-se de um ofício que só serve para ela! "Desde a infância, eu sei que há alguma coisa que não se sustenta. Eu devo sempre costurar, cerzir, remendar. A análise serve para fazer algo parecido, mas a dois é melhor, é menos cansativo".

* O Sr. T., um quarentão, viveu seus últimos vinte anos alternando hospitalizações psiquiátricas e vida solitária, em seu domicílio, com o apoio de tratamentos variados e de uma sólida pensão por invalidez. Isso lhe permitiu sobreviver sem a preocupação comum de trabalho ou de moradia. Depois de alguns meses, no entanto, ele sai do hospital para me encontrar, pois pensa que a análise é sua única chance de escapar do destino mórbido que uma voz insistente lhe prediz. Um dia, ele chega colérico contra os psiquiatras que lhe atendem, pois estes lhe disseram: "É bom ir ver um analista, mas você precisa também procurar se reintegrar na sociedade, encontrar uma moradia e um trabalho. Em resumo, será preciso você se ocupar da realidade!". Ao que, sem perder a cabeça, ele retrucou: "Mas eu trabalho, tenho três sessões de análise por semana para me ocupar da realidade."

Esse traço de ironia próprio ao psicótico sempre leva ao riso às custas de uma figura do mestre, aponta um saber sobre o ganho da análise: não se trata de um delírio a dois, mas realmente de uma verdadeira prática da palavra na qual um sujeito se engaja, e que visa a transformar um objeto. Essa prática produz efeitos sobre a realidade subjetiva e sobre a relação com o mundo. Ao discurso médico – que defende a suposta virtude de uma proletarização consentida como modalidade de adaptação do louco à realidade –, ele não opõe um outro ideal, do tipo: elogio da loucura ou exaltação da errância do louco rural ou marginal –, ele sustenta, ao contrário, seu desejo de analisante como possibilidade de uma outra abordagem de sua realidade, a partir de um trabalho subjetivo.

* No mesmo registro irônico, destacamos o caso de Martin, jovem esquizofrênico que, ao sair de uma estadia em uma clínica psiquiátrica, me apresenta o tratamento que lhe foi proposto: "Me disseram: 'Aqui, o médico-chefe é um pouco como seu pai e a enfermeira-chefe, como sua mãe". Então, eu pedi para a enfermeira-chefe me esconder debaixo de sua saia quando eu estivesse com medo, mas ela recusou. Eu não entendi por quê! Não é bem esse o papel de uma mãe?". Nesse caso também, desejar encarnar uma figura de mestre conduz ao pior.

* O Sr. R. sofre por se sentir invadido por sonoridades incompreensíveis. Ele tem uma impressão muito desagradável de que sons circulam em seu cérebro de maneira errática, sem que ele os possa controlar nem atribuir nenhum sentido a essas manifestações parasitárias. Ele está literalmente em luta contra o que Lacan denomina parasita linguageiro. Isso se reduz particularmente ao som "ou".[15] Ao longo do trabalho analítico, lhe sobrevém uma lembrança de infância que ele situa como sua lembrança mais antiga. Naquela época, quando tinha medo, era esse som que invadia sua cabeça, e ele não conseguia se desvencilhar dele. Mais tarde, em momentos de crise de angústia, esse mesmo som lhe retornava, associado a um pensamento: seria o "ou" do uivo do lobo;[16] ou o "ou"[17] do "ou então"; ou seria o "ou" da escolha? Questão insolúvel que o paralisava.

Pelo fato de permitirem uma amplitude da língua, as sessões produzem certa atenuação desse fenômeno parasitário; a massa sonora se descompacta, abrindo à circulação de diversas nuances de sentido. Tomado na conversação, o som perde um pouco de seu peso de real. O Sr. R. nomeia isso "a diminuição da intensidade".

Esse caso permite apreender a posição do psicótico como uma escolha subjetiva *in status nascendi* de alguma forma: ou o som vale por si próprio, ou perde sua "materialidade",[18] e então entramos na subjetivação: o que o "ou" encarna particularmente. Aqui, o trabalho de análise permite que a voz e o sentido funcionem em alternância.

* Desde sempre, Aline sente a presença de sua mãe como asfixiante. Longe de escutá-la como uma metáfora, ainda hoje isso lhe deixa sem ar, embora já faça trinta anos que não mora mais com ela. Desde a adolescência, encontrou uma resposta a esse problema construindo-se a personagem de "a jovem que fuma". Escreveu um conto em que descreve a construção dessa personagem. Ademais, isso corresponde a uma prática bastante corporal, pois fumar lhe permite, segundo sua expressão, "criar seu próprio ar".

Ao longo de seu trabalho analítico e sob pressão de slogans antitabagistas, ela vislumbra colocar um ponto final nesse hábito; coisa da qual eu a dissuado alegando que a invenção de um tratamento tão singular me parece muito mais benéfico para ela do que todos os ideais higienistas

* Para Florence, é sua mãe quem se insinua em sua vida, a ponto de sentir, algumas vezes, que ela comanda seus pensamentos. Ela descreve sua maneira de agir, a qualifica como perniciosa e se lamenta por não conseguir encontrar a réplica no momento certo. Na sessão seguinte, ela chega feliz: "Encontrei um nome para qualificar a atitude de minha mãe comigo: ela é *mãe-niciosa*!".[19] Ela se serve dessa invenção linguageira que nos faz rir bastante desde então como um apoio para se sentir menos invadida.

* Desde o caso de Schreber, Freud havia notado uma tendência à feminização; trata-se de um problema ligado à questão da sexuação, que é a fonte de muitos embaraços na psicose. Para o Sr. X., isso se coloca de maneira ainda mais radical, pois sua identificação profissional, muito viril, não pode se conjugar com uma feminização da qual ele sinta alguns efeitos, pois se crê observado por seus colegas masculinos. Assim, para se assegurar de estar do lado dos homens, ele teve de inventar uma prática de exibição totalmente bizarra, que nada tem a ver com aquela do perverso que exibe seu membro às menininhas na espera de gozar da angústia que lhes provoca. O Sr. X., por sua vez, vai se mostrar para as prostitutas na rua Saint-Denis. Ele chega até mesmo a pagar algumas para expor seu sexo e não fazer dele nenhum outro uso que não seja a mostração. Elas se divertiam muito. Dessas expedições, ele voltava seguro quanto a seu pertencimento ao conjunto daqueles que possuem o falo. Essa solução, contudo, mostra rapidamente alguns limites. De um lado, o riso que provocava nas moças o revoltava – "Eu as pago, e elas riem!" –, e, de outro, correr o risco de ser pego na rua era algo mal calculado. Convidei-o a encontrar soluções mais discretas e mais enraizadas na vida fantasística.

* Martine, além de suas sessões, frequentemente me solicita ao telefone. Ela chega às vezes a me ligar durante o dia para me perguntar como fazer para resolver um problema concreto que se apresenta a ela. Assim, um dia, ela me anuncia: "Eu estou no banho, e tem algo errado, sinto que não tenho a boa posição". O que poderíamos escutar aqui como um convite discreto de caráter sexual tomado na transferência, encarei de preferência como uma questão pragmática concernente à consistência do corpo. Minha resposta foi: "Você não tem a boa posição? A boa posição será aquela que você irá inventar agora". Ela me indicou, na sessão seguinte, que aquilo a apaziguou.

Em certo número de casos, são os impasses que se manifestam diretamente na transferência, geralmente sobre o modo de inclusão do analista no delírio do sujeito.

* Assim Caroline me anuncia um dia, para minha grande surpresa, que queria "fazer o passe[20] na Escola da Causa Freudiana", questão que ela não havia jamais evocado anteriormente e que está bem longe de seu campo profissional. Adveio-lhe uma certeza de que deveria testemunhar, da mesma maneira que alguns querem dizer o que é a passagem de analisante a analista. Seu próprio passe incide sobre sua descoberta: há centenas de anos, os homens se perguntam qual é o elo perdido entre o animal e o homem; ela teve a revelação de que seu destino era encarná-lo e lhe dar seu nome. Essa verdade agora deve ser conhecida por todos os homens. Eu tive de usar de certa persuasão para incitá-la a adiar essa abordagem, enviando-a a um futuro mais longínquo.

* No mesmo registro, o Sr. G., matemático muito aguçado, pensa ter encontrado no analista o parceiro pelo qual espera há muito tempo. Ele quer escrever em fórmulas matemáticas todo o saber sobre a natureza das coisas e me pede para ajudar a completar com o saber sobre o homem: "Nós dois poderíamos escrever o livro universal". Meu pouco entusiasmo para com o projeto o decepciona muito.

Essas duas vinhetas mostram bem como, perante o risco da paranoização que impulsiona ao saber absoluto, o analista deve sempre preservar o lugar do não sabido dando enquadramento ao saber, segundo a indicação de Lacan justamente a propósito do passe.[21]

* Esse risco pode igualmente se apresentar no registro imaginário. Assim o Sr. S., que se diz "muito atormentado pelo inferno da simetria", me observa, em uma sessão face a face, que seu tio, a respeito de quem ele nutre más intenções, se parece muito comigo fisicamente: "Vocês usam os mesmos óculos". Essa inquietante indicação provoca um deslocamento físico do analista, que se levanta de sua poltrona e continua a sessão perambulando pela sala do consultório, o que teve por efeito fazer perder a consistência do olhar no campo do Outro.

Acontece também de o analista calcular sua intervenção de maneira errônea, produzindo efeitos pouco conformes ao esperado. Às vésperas das férias, quando o Sr. S. me parecia frágil – a ponto de deixá-lo sem ter sessões durante um mês parecer-me arriscado –, propus-lhe que me escrevesse, sabendo de seu interesse por essa prática. Ao meu retorno, ele me sinaliza que havia passado várias horas, todos os dias, diante de uma folha em branco, incapaz de me escrever, mas esmagado por esse "dever de férias" que eu lhe havia prescrito. Assim, uma simples sugestão se tornou um comando para esse sujeito, cujo Outro da língua estava do lado da palavra imposta. Isso não impediu o prosseguimento da análise, mas me indicou o quanto a modulação do enunciado é especialmente crucial no trabalho com o psicótico.

PARTE I

ORIENTAR-SE NA PRÁTICA

CAPÍTULO 1
PEQUENO HISTÓRICO

Sabemos que Freud considerava que sua invenção, o tratamento analítico, não convinha ao psicótico. Ele via, na falta de transferência, o obstáculo ao trabalho: a libido, estando centrada no eu, e não no objeto, torna impossível o investimento necessário do outro. Essa assertiva – certamente repetida por Freud diversas vezes, a ponto de se constituir numa constante – não deve nos impedir de apreender suas nuances. Dessa forma, em 1904,[22] ele explica:

> As psicoses [...] não se prestam, portanto, à psicanálise, pelo menos não para o método que vem sendo praticado até o presente. Não considero de modo algum impossível que mediante modificações adequadas do método possamos ser bem-sucedidos em superar essa contra-indicação – e assim podermos iniciar uma psicoterapia das psicoses.

Vemos que seu objetivo não é um princípio absoluto; ele incide sobre o método e vemos aí a lógica. Se a psicanálise, como Freud a concebeu naquele momento, consiste no desvelamento do inconsciente, o psicótico – para quem o inconsciente está "a céu aberto", logo, sem recalcamento – não pode se beneficiar do tratamento. No entanto, Freud deixa sempre aberta – para seus alunos, em particular – a possibilidade de uma prática adequada. Podemos, entretanto, observar que as numerosas indicações sobre a clínica da psicose possíveis de serem extraídas da obra de Freud podem servir de referência na prática. Tomemos algumas:
  ➢ O delírio como tentativa de cura:[23] esse grande ensinamento da leitura de Schreber feita por Freud é uma ruptura capital com o modo de pensar tradicional, no qual o delírio é o inimigo terapêutico, contra

o qual não se pode fazer nada além de desejar erradicá-lo. Um século após essa contribuição essencial, a psiquiatria atual continua a ensinar, frequentemente, que é necessário levar o paciente a criticar seu delírio. Fundamentalmente, essa orientação coloca o psicótico não do lado do déficit, mas do lado da construção subjetiva – essa é a contribuição fundamental da psicanálise. Não é, no entanto, uma idealização do delírio nem um convite para impulsionar o paciente ao delírio: essa reconstrução "após a catástrofe é bem-sucedida em maior ou menor grau, mas nunca inteiramente",[24] ele precisa imediatamente. Trata-se de apreender, caso a caso, o valor do uso da produção do sujeito em cada momento de sua vida. Antes do caso Schreber, Freud já havia tido a intuição de que é seguindo a voz do delírio que uma possibilidade de abordar o paranoico se abriria; assim, em uma carta a Ferenczi, em 11 de fevereiro de 1908,[25] a propósito de uma paciente em comum, a senhora Marton, ele afirma que é possível tratá-la "colocando-se no terreno de seu delírio".

Essa versão da "tentativa de cura" é válida para a paranoia (na qual o delírio reconstrói o mundo e sua relação com o outro), mas é surpreendente constatar que Freud utiliza a mesma expressão para o esquizofrênico, mas com um sentido totalmente diferente:

> o investimento da apresentação da palavra não faz parte do ato de repressão, mas representa a primeira das tentativas de recuperação ou de cura que tão manifestamente dominam o quadro clínico da esquizofrenia. Essas tentativas são dirigidas para a recuperação do objeto perdido, e pode ser que, para alcançar esse propósito, enveredem por um caminho que conduz ao objeto através de sua parte verbal, vendo-se então obrigadas a se contentar com palavras em vez de coisas.[26]

Essa distinção clínica é capital para a orientação da prática: se o ponto em comum dos psicóticos é seu trabalho linguageiro como tentativa de cura, esse trabalho não incide sobre o mesmo ponto: o paranoico deseja reconstruir a cadeia significante e dar um sentido ao mundo a partir de sua língua particular, ao passo que o trabalho do esquizofrênico incide sobre o investimento da própria palavra, aquém de seus efeitos de cadeia, portanto, de sentido. Freud nota mais além, na mesma página: "Isso, é verdade, é algo difícil de compreender". Duas indicações, então, muito preciosas: o psicótico tem uma inclinação à autoterapia, logo a função do psicanalista não é a de lhe trazer a cura externa, mas de acompanhar, de certa maneira, a tentativa do sujeito, e por outro lado, essa inclinação não se apoia sobre o mesmo ponto da estrutura de linguagem: o paranoico privilegia a reconstrução pelo sentido, já o esquizofrênico situa seu trabalho sobre o valor mesmo da palavra.

▷ A consideração da realidade: para Freud, a distinção entre neurose e psicose não pode se apoiar apenas sobre essa consideração. Com efeito, "tanto na neurose quanto na psicose interessa a questão não apenas relativa a uma *perda da realidade*, mas também a um *substituto para a realidade*".[27] Isto é, o neurótico coloca aí sua fantasia e o psicótico, seu delírio. Certamente essa substituição não é da mesma ordem, mas o ponto em comum é o pouco de consideração em relação a uma realidade que seria o dado comum da experiência. Em outros termos, não podemos nos guiar por esse indicador em nossa prática.

Outras referências úteis em Freud seriam detectáveis, como a consideração central da causa sexual tanto em Schreber, quanto no debate com Bleuler e Jung sobre o autismo; sua lembrança de que o termo justo não é "autismo", mas "autoerotismo" é paradigmática dessa constante freudiana.

Vemos, então, como Freud, ainda que não propondo diretamente a pista para o tratamento psicanalítico dos psicóticos, fornece ao leitor atento indicações para a prática, cujo ponto essencial é a consideração do psicótico como sujeito ativo no tratamento de seu sofrimento.

Na época de Freud, alguns de seus alunos ousaram enfrentar o desafio do tratamento de psicóticos, que o mestre havia deixado prudentemente de lado, esperando no melhor dos casos hipotéticas inovações.

Do mesmo tempo de Freud, foi Federn o primeiro a não recuar diante da análise dos psicóticos, mesmo que tenha sido com a ideia de uma ortopedia do eu, que ele orientava a transferência. Assim fazendo, ele admitia de toda forma a possibilidade de ultrapassar o ponto de dificuldade de Freud sobre o narcisismo. Essa concepção do trabalho possível irriga uma das principais correntes de pós-freudianos quanto ao tratamento da psicose, em particular nos Estados Unidos: enfatizar o eu, com o objetivo de retificar as relações com a realidade.

Essa maneira de pensar é encontrada quando se trata de considerar o problema das indicações; a referência sobre esse assunto na IPA foi Glover, que situou as psicoses no quadro das contra-indicações, o critério sendo sempre a força do eu. É sobre esse ponto que Lacan situa sua crítica mais radical aos pós-freudianos: "Em suma os psicanalistas afirmam-se capazes de curar a psicose em todos os casos em que não se trata de psicose".[28] E ele situa a causa dessa enganação no fato de "se apelar para a responsabilidade do eu perante a realidade".[29]

A outra corrente, especialmente influente na Inglaterra, é por certo ligada à contribuição de Melanie Klein na prática com as crianças, retomada por Bion e Rosenfeld particularmente com os adultos; essa corrente aborda a transferência de maneira mais direta, pois coloca no centro de sua conceitualização a relação de objeto. Acrescentando-se aí o conceito de identificação projetiva, uma interpretação possível da transferência é pensável como um equivalente da fantasia inconsciente. A transferência psicótica é então reconhecida e tratável, mas isso permanece em um registro imaginarizado do laço com o outro.

Quando a transferência não está referida ao eu e à ação ortopédica do terapeuta, é o próprio psicanalista que vem ao centro da experiência, e é a inclinação à contratransferência que se impõe – o representante mais conhecido dessa corrente é H. Searles[30]–, mas se o analista ocupa o lugar do sujeito, o que se torna o psicótico em uma tal experiência?

Ao lado dessa subjetivação do psicanalista, uma outra tendência é a de considerar que não se pode propor uma análise ao psicótico, e que é necessário reduzir ao máximo o trabalho a uma psicoterapia psicanalítica face a face. A partir desse momento, o interesse recai sobre a organização do setting e as suas variações em relação a um suposto tratamento-padrão. O problema é puramente técnico, e se faz necessário reconhecer as faltas técnicas do analista em relação a estas supostas normas.[31]

Compreende-se por que, diante de tal falta de rigor na abordagem do problema, Lacan discute a questão como preliminar, sem no entanto nenhuma indicação direta sobre como fazer, mas um convite para definir as particularidades da estrutura das psicoses, na veia do retorno a Freud, contra os pós-freudianos extraviados no imaginário pré-edipiano e nas questões técnicas. Lacan não esquece apesar disso o tratamento, pois ele o considera possível uma vez percorrido o preliminar.

Sem retomar o conjunto de avanços de Lacan nesse artigo principal, pode-se, no entanto, destacar dois pontos – inspirados por sua leitura de Freud – que têm consequências sobre a prática "possível".

Definindo o mecanismo paranoico como ligado à gramática do "eu o amo" schreberiano,[32] Lacan se opõe à interpretação em termos de projeção – noção imaginária –, tornando assim a lógica da psicose homóloga a uma prática da fala na linguagem.

Ao se referir à introdução do narcisismo, ele se opõe a uma concepção da realidade comum fundada sobre o *percipiens* que não é unificado, mas equívoco. Faz objeção, então, a uma prática fundada sobre a ortopedia do eu. O que importa não é a realidade, mas "o expediente daquilo que vem substituí-la".[33]

Situando a problemática sexual de Schreber nos termos do Édipo e do falo (mesmo em falta) – e não em uma suposta relação "primitiva" –, Lacan restitui o sexual na estrutura da linguagem.[34]

Indicando, após Freud, que o delírio permite garantir que o estado terminal da psicose não seja um caos, mas "uma solução elegante",[35] ele mostra que a função paterna não é redutível a sua forma canônica universalizante, mas que soluções standards (seja esta um delírio privado) são possíveis; é uma primeira abertura em direção à pluralização dos Nomes-do-Pai.

Valorizando a paradoxal manutenção da relação de Schreber com sua mulher em um registro inspirado na *philia* de Aristóteles,[36] ele mostra como um estado delirante é compatível com a manutenção da relação com um semelhante em um registro dessexualizado; é dar um lugar ao possível da transferência no estilo do companheirismo.

Enfim, Lacan termina seu artigo destacando o problema da transferência como um programa de investigação: Como conceber uma transferência que "não seja concebida, na prática, como uma relação puramente dual em seus termos e perfeitamente confusa em seu substrato"?[37] Como evitar, por exemplo, encarnar para o sujeito psicótico um tipo equivalente do que Flechsig foi para Schreber, causa da transferência, "que precipitou o sujeito na psicose"?[38]

Essa preliminar é enfim apresentada como introdução da "concepção a se formar do manejo, nesse tratamento, da transferência".[39] Há, portanto, transferência, e manejo possível desta.

A "Questão preliminar" é escrita por Lacan após seu *Seminário 3* sobre as psicoses; aliás, ele apresenta seu artigo como uma condensação de seu desenvolvimento oral anterior. Esse *Seminário* apresenta, contudo, vários pontos não desenvolvidos no escrito (Lacan precisa que o último trimestre não foi incorporado no artigo, ou seja, as lições de abril a julho, capítulos XIV a XXV); é dessas lições que se podem extrair os pontos mais importantes na perspectiva do tratamento possível:

- Uma "compensação imaginária"[40] da falha do Nome-do-Pai é possível sob a forma de uma imitação de um tipo viril; ele cita, então, um caso de Katan e o mecanismo de *as if*, de Helene Deutsch; pode-se ver aí uma antecipação da concepção borromeana da estrutura em que, os três registros sendo equivalentes, cada um pode fazer suplência à falta de um outro.
- Um alerta contra a tendência a dar a palavra ao sujeito como se isso fosse um bem em si; a tentação de acreditar que falar é uma boa coisa é um risco com esses sujeitos: "Acontece de recebermos pré-psicóticos em análise e sabemos em que isso dá – isso dá em psicóticos".[41] O problema é tomar a palavra, assumir sua enunciação: momento de risco de desencadeamento em que "o sentencioso analista se torna rapidamente

um transmissor que fala o dia todo para o analisando o que ele deve ou não fazer".[42] Vê-se o risco na transferência em que o parceiro do psicótico pode ser colocado na posição de querer gozar do paciente.

Mas no oposto desse risco, Lacan situa também um lugar possível na transferência, a de secretário do alienado: "(...) não só nós passaremos por seus secretários, mas tomaremos ao pé da letra o que ele nos conta – o que até aqui foi considerado como a coisa a ser evitada".[43] Da desconfiança em relação aos dizeres dos loucos, a fazer-se de secretário e, mesmo de aluno, a posição analítica é bem uma mudança de discurso; esse secretário não deve ser entendido como uma posição passiva de simples registro; para tomar "ao pé da letra", como nos convida Lacan, é preciso ser ativo para que os dizeres do sujeito se inscrevam como um texto, com a pontuação, os cortes, etc., que os tornam inteligíveis e utilizáveis por aquele que o profere.

Essas indicações que Lacan propõe naquela época (nos anos 1950 marcados pela dominação do simbólico, em que a prática era pensada a partir das leis do Outro) tiveram, entretanto, consequências para alguns de seus alunos, que se ativeram a pensar o tratamento de crianças, principalmente, tentando implantar o Nome-do-Pai ali onde ele faltava, como o testemunha Françoise Dolto em seu estilo especialmente audacioso. Outros tomaram preferencialmente o partido de construir uma comunidade de estilo fraternal na corrente da psicoterapia institucional, com tentativas como as de Jean Oury. Em todos os casos, a ideia que orienta essas práticas é a de tratar o imaginário pelo simbólico. Isso deixa de fora aquilo que é da ordem do real e do gozo, ambos tão presentes na clínica dos sujeitos psicóticos; pode-se então dizer que, naquela época, estávamos bem diante do limiar (um *limen*), diante de um passo a dar quanto ao tratamento possível.

CAPÍTULO 2
A TRANSFERÊNCIA COMO PROBLEMA

Como já vimos, para Freud, o tratamento analítico clássico não convinha ao tratamento das psicoses. Ora, os psicanalistas de hoje recebem um número crescente de pacientes psicóticos, o que nos convida a nos perguntar em que a psicanálise concerne a esses sujeitos. Se admitimos que a transferência é um dado intrínseco da experiência analítica, pode-se dizer que é acessível aos psicóticos? Caso seja, como a transferência lhes é "utilizável"?

Em seu "Compêndio da psicanálise", depois de cinquenta anos de prática, Freud constatou um revés:

> Com isso, descobrimos que temos de renunciar ao experimento de aplicar nosso plano de cura ao psicótico. Renunciar para sempre ou talvez apenas por enquanto, até que tenhamos encontrado outro plano que lhe seja mais adequado.[44]

Os impasses dessa prática concernem ao próprio estatuto do inconsciente, e Freud vislumbra reconsiderar aquilo sobre o que ele se apoiava habitualmente, sem rejeitar definitivamente a possibilidade de abrir ulteriormente seu "método" aos psicóticos.

Um certo número de objeções, feitas pelo próprio Freud, sempre está na ordem do dia. Coloca-se em particular a questão de um endereçamento, que existe; mas endereçamento a quem? Lacan levou muito a sério o risco incorrido pelo paciente psicótico que se engaja na análise, pois para ele a fala interessa ao real mais que ao verdadeiro. Em outras palavras, importa-lhe menos verificar um saber no inconsciente do que delimitar alguma coisa do real na própria língua. Ele tem, então, com a palavra e com o discurso, uma relação mais consequente que o neurótico, cuja relação ao real se caracteriza por ser "frouxa" – no sentido de elástica –, graças ao fantasma. É com efeito uma posição ética particular de olhar o real à distância, pela lente do fantasma, o uso da palavra podendo, então, oferecer um abrigo contra o real. Com o psicótico, a mínima palavra causa problema. Seu uso rigoroso das palavras exige precisão e disciplina por parte do psicanalista.

Esta breve introdução abre ao nosso questionamento duas vias: as condições de possibilidade de uma transferência com os sujeitos psicóticos, assim como os limites da experiência, e, de outro, o uso que eles podem fazer do analista.

O que torna a psicose intratável, segundo a lógica neurótica liberada por Freud, é o "inconsciente a céu aberto", como dirá Lacan posteriormente. É por meio da transferência que o trabalho permite traduzir o inconsciente no consciente, e o tratamento se efetua, então, com a ajuda de um amor. Na histeria, na neurose obsessiva, uma parte da libido é móvel e tratável a partir daí; o que quase não é possível na paranoia – em razão da regressão ao autoerotismo; o médico não encontra credibilidade pois não encontra amor. Sem entrar em um debate terminológico, tomemos o termo "paranoia" como designando as psicoses em seu conjunto. Freud as nomeia por "as neuroses narcísicas", em oposição às "neuroses de transferência". Essa denominação é em si mesma esclarecedora para nosso propósito. A diferença entre essas duas categorias reside, pontua ele, na capacidade do amor e da crença.

Freud nos convida, por outro lado, a não considerar a psicose sob uma vertente deficitária, mas sim levar em conta o trabalho do sujeito psicótico (exemplo: o delírio de Schreber), seus esforços para tentar estabelecer uma relação com o objeto e com o Outro. Ele nos indica como cercar os modos particulares segundo os quais o sujeito constrói essa tentativa e nos permite apreender qual lugar o psicanalista poderia ter.

O ponto de partida de Lacan

Lacan parte de um ponto de vista totalmente diferente do de Freud, pois ele chega à psicanálise via os psicóticos e a psiquiatria, com o caso de Aimée,[45] a bem-nomeada. A propósito desse caso, ele inventa o sintagma de "paranoia de autopunição".[46]

Lacan vai, de fato, à medicina, depois à psiquiatria e à psicanálise com a ideia de que, entre os homens e as mulheres, algo não funciona bem. São principalmente os psicóticos que nos ensinam isso, ou de preferência, aprendemos com o sintoma deles uma vez que, para eles, a dimensão do amor está em falência.

Em uma passagem das "Conferências nas universidades americanas", Lacan cita as falências do amor nas psicoses como uma lição para a psicanálise e para o sujeito humano:

> (...) eu tinha a suspeita de que os relacionamentos entre homem e mulher desempenhavam um papel determinante nos sintomas dos seres humanos. Isso me impulsionou progressivamente até aqueles que não tinham sucesso nisso, porque certamente se pode dizer que a psicose é um tipo de falência no que diz respeito ao cumprimento do que se chama 'amor'.[47]

O que quer dizer também que, no encontro com os psicóticos, o amor está do lado do psicanalista, do lado de Lacan, no presente caso: "Aimée" se lê como o nome de sua transferência a respeito dos psicóticos.

Lacan não chega à conclusão de uma falência global da relação com o Outro e, em uma passagem de sua tese, examina as relações sociais dos paranoicos. Descreve uma vertente passiva: fracasso matrimonial, fuga perante o casamento, desconhecimento das funções parentais. E uma vertente ativa:

> Esses sujeitos [...] revelam, nas relações mais longínquas com a comunidade social, virtudes de uma eficácia incontestável. Desinteressados, altruístas, menos ligados aos homens que à humanidade, habitualmente utópicos, esses traços não exprimem neles somente tendências afetivas,

mas atividades eficazes: servidores zelosos do Estado, preceptores ou enfermeiras convencidos de seus papéis, empregados ou operários excelentes, trabalhadores encarniçados, eles se acomodam ainda melhor em todas as atividades entusiastas que mobilizam, de todos os 'dons de si' que os diversos empreendimentos religiosos utilizam, e geralmente todas as comunidades, quer sejam de natureza moral, política ou social, que se fundem em um vínculo supraindividual.[48]

Os paranoicos tem o que se haver com um Outro certamente constituído, mas que deve permanecer no universal ou no ideal, sob o modo do anonimato, como o conceito de Humanidade o permite. Essa relação não passa pelo nome próprio de um parceiro, e sua condição é que as particularidades do Outro não apareçam. Consequentemente, o desejo do Outro, sempre singular, e o encontro sexual são problemáticos. O caso do Presidente Schreber ilustra bem o papel das funções sociais elevadas. Seu delírio tem uma função terapêutica que lhe permite constituir uma relação com a ordem do Universo, sua relação com Deus, tendo por objetivo sustentar um Outro do ideal consistente e destituído de particularidades.

Nessas condições, o que acontece com a transferência? Ela exige do psicanalista um "manejo", diz Lacan: "Deixaremos nesse ponto, por ora, essa questão preliminar a todo tratamento possível das psicoses, que introduz, como vemos, a concepção a ser formada do *manejo*, nesse tratamento, da transferência".[49] A palavra preliminar é entendida no sentido literal, como o que permite ultrapassar um limite. Trata-se de tomar precauções antes de empreender qualquer manejo, pois prestar-se a essa experiência envolve riscos.

No *Seminário 3*, contemporâneo de "A questão preliminar", Lacan desenvolve longamente a questão das pré-psicoses ligadas ao risco da tomada de palavra:

> Acontece de atendermos pré-psicóticos em análise, e sabemos em que isso dá – isso dá em psicóticos. Não se colocaria a questão das contra indicações da análise se todos nós não tivéssemos na memória tal

> caso de nossa prática, ou da prática de nossos colegas, em que uma bela e boa psicose – psicose alucinatória, não falo de uma esquizofrenia precipitada – é desencadeada quando das primeiras sessões um pouco calorosas, a partir das quais o sentencioso analista se torna muito rapidamente um emissor que faz ouvir ao analisado durante o dia todo o que deve ou não fazer. Não tocamos aí, na nossa própria experiência, e sem ter de procurar mais longe, no que está no cerne dos motivos de entrada na psicose? É o que se pode propor de mais árduo a um homem, e ao que seu ser no mundo não o enfrenta frequentemente – é o que se chama *tomar a palavra*, eu entendo a sua, ao contrário mesmo de dizer *sim, sim, sim* à do vizinho. Isso não se exprime forçosamente em palavras. A clínica mostra que é justamente nesse momento, se sabemos referenciá-lo a níveis muito diversos, que a psicose se declara.[50]

Assumir um sujeito em análise pode induzir o desencadeamento da psicose, se não tivermos o cuidado prévio de verificar sua estrutura. Convidá-lo para tomar a palavra é um risco ainda mais intenso do que se talvez ele tivesse se mantido até então à distância por diversos modos de colagem imaginária ao outro e de imitações. Naquilo que Lacan nomeia "as primeiras sessões um pouco calorosas", o momento fecundo do delírio – isto é, o momento propício ao desencadeamento – se produz quando passamos de um manejo relativamente neutro do significante a uma introdução do gozo na própria língua. Na paranoia, o gozo do Outro se situa na própria língua. Entretanto, prudência não é sinônimo de recusa. Ao contrário – e em uma intervenção célebre por ocasião da abertura da Seção Clínica de Paris, em 1977 –, Lacan convida o psicanalista a "não recuar diante da psicose".[51] Ele não incentiva o heroísmo terapêutico, mas de preferência convoca os psicanalistas a não recuar diante do rigor do sujeito psicótico, para quem a palavra tem efeitos de real.

Retornemos ao *Seminário 3*, no qual Lacan evoca o que chama de "imediações do buraco".[52] No momento de perplexidade que antecede o desencadeamento, sobrevêm fenômenos elementares e acessos de hipocondria. O sujeito se encontra na borda do buraco, isto é, da falha no simbólico, e, diante da falta do significante do Nome-do-Pai, ele não consegue se situar na relação com o Outro, dar às palavras uma significação estável. Trata-se de saber onde se encontra o sujeito: ele está na borda ou dentro do buraco? Ele está tapando ou bordeando o buraco? Isso é muito importante para apreender a lógica temporal da psicose. Nosso modo de intervenção depende disso, assim como a transferência que se constitui nesse momento. O encontro de um sujeito não tem as mesmas consequências quando ele está na perplexidade – isto é, na falta de saber – ou quando ele já construiu um delírio. No momento da perplexidade, acontecem-lhe coisas às quais ele não sabe dar sentido; ao passo que a construção delirante é uma resposta ao vazio: como ele constrói essa resposta? Ela é compatível com o laço social? Nossa posição será diferente segundo o estágio do delírio: seja em construção ou estabilizado, seja tendo reconstruído um Outro consistente, como o universo schreberiano.

Inconsistente ou fixado pelo delírio, em nenhum momento o saber é suposto, mas, como Freud sublinha, ele vem do exterior com uma dimensão de certeza, e não de suposição. Esse estatuto do saber permite diferenciar a transferência psicótica da transferência neurótica. O neurótico supõe que a resposta para sua questão está escrita no Outro, que não é forçosamente o analista, enquanto que, para o psicótico, o saber está no real, de onde ele retorna na forma de certeza. Na demanda do sujeito, devemos verificar a natureza de sua certeza: como ela se sustenta? Há necessidade de consolidá-la? Há necessidade de alguém que a registre? Ela produz um gozo a mais? É em função do modo pelo qual se constrói a relação do sujeito com sua certeza (na qual o analista não tem interesse de ser capturado) que teremos que responder com a transferência que o sujeito nos propõe.

Erotomania

A partir da lógica do gozo incômodo, Lacan enfatiza as versões passionais das psicoses, principalmente a erotomania. Sublinhemos o termo passional. Na psiquiatria, por muito tempo ligou-se a psicose a um déficit cognitivo, intelectual, a uma falha de julgamento do sujeito. Vemos ressurgir essa tendência com o neuro-cognitivismo. Freud e os psiquiatras que o precederam colocam em destaque um problema de paixão, isto é, um excesso de afeto que invade o sujeito. A erotomania é uma construção passional ligada à perseguição. Qual é o modo de gozo próprio à erotomania? É uma loucura de transferência. Em seu prefácio à tradução francesa das *Memórias* de Schreber,[53] Lacan escreve:

> É que o referido clínico deve habituar-se a uma concepção do sujeito em que se destaca que, como sujeito, ele não é estranho ao vínculo que o coloca, para Schreber, sob o nome de Fleschig, na posição de objeto de uma espécie de erotomania mortificante.[54]

É preciso saber que havia uma imagem mural gigante na entrada da clínica do Doutor Fleschig, que atendia Schreber. Imagem sobre a qual se configura o delírio do paciente, quando reconhece nela o médico. A erotomania mortificante se produz quando o sujeito confere à imagem do objeto o estatuto de ideal, quer dizer, que ele coloca no Outro a conjunção do objeto – o cérebro – e de ideal, o médico. Ele se coloca, assim, na posição de se tornar passivo e de ser o objeto, por sua vez.

A questão da erotomania alimentou muitos debates da psiquiatria, no fim do século XIX e no início do século XX. Em 1838, Esquirol nomeia a erotomania "a loucura do amor casto".[55] Segundo ele, é exatamente na transferência – e no primeiro instante da tomada da palavra – que ela se constitui. Clérambault[56] define a erotomania como a ilusão delirante de ser amado por um outro, com a condição de que esse outro seja "colocado nas alturas". Ele distingue três etapas na evolução da doença – esperança, despeito, rancor –, que podemos localizar no caso Aimée, de Lacan. Notemos que o ponto de partida da erotomania é o arrebatamento – o que Clérambault chama de "o postulado" –, e que pode se enunciar da seguinte maneira: "o outro não se interessa por mais ninguém além de mim". O postulado é uma certeza a partir da qual se deduzem e se encadeiam, de maneira lógica e quase matemática, proposições algorítmicas que excluem a dúvida. Há um parentesco entre a dimensão erotomaníaca e persecutória da paranoia e a dimensão erotomaníaca da transferência. Nos dois casos, a iniciativa vem do Outro, ela é percebida como externa e fundada em uma certeza.

Vê-se então aí um paradoxo típico da psicanálise: o sujeito psicótico é afetado por uma doença da língua, e é pelo uso da língua que ele quer aliviar seu sofrimento. Da língua ele faz, ao mesmo tempo, seu gozo e o limite deste gozo. Como tratar essa contradição interna, o gozo estando aqui na própria língua e não no exterior? Como manejar o significante de uma maneira adequada a essa problemática?

Na transferência neurótica, o sujeito ama o Outro porque supõe haver nele o significante que lhe falta, aquele de A mulher. Na psicose o sujeito é amado pelo Outro, e para completar o ser amado no real, ele é levado a encarnar A mulher como gozo transexual. O "empuxo-à-mulher" vem no lugar do significante faltante. Assim Schreber quer ser A mulher de Deus. Para retomar os termos de Lacan, "na impossibilidade de ser o falo que falta à mãe, resta-lhe a solução de ser A mulher que falta aos homens".[57]

Lacan observa, no caso Aimée, o caráter radicalmente mortificante de sua erotomania. Aimée escreve poemas endereçados ao Príncipe de Gales; um deles conta a história de uma criança adorada e termina com a morte desta. O poema termina com essas palavras: "Negra visão, que amem vocês!".[58] O gozo do amor está então ligado à morte, razão pela qual provavelmente a solução para o sujeito só pode ser a passagem ao ato: um ataque que incide sobre o ideal.

A questão do endereçamento

Lacan fala do louco como "o homem livre". Ao contrário do neurótico – que demanda ao Outro o objeto do qual supostamente ele é detentor –, o psicótico não estabelece sua relação com o Outro a partir de uma demanda; é por isso que a transferência com esses sujeitos, notadamente com os sujeitos esquizofrênicos, se constitui sobre um modo de endereçamento que não implica forçosamente uma demanda.

Essa questão do endereçamento é formalizada em "A questão preliminar" sob a forma de um esquema que figura a estabilização do delírio de Schreber.[59] Ele mostra como se organizam, segundo sua construção delirante, as novas relações do sujeito com o Outro nos três registros: imaginário, simbólico e real. Ele "se dirige a nós", nota Lacan, não como a um parceiro-objeto, mas como a um *alter ego*, sob a vertente do imaginário. No registro simbólico, ele "ama sua mulher" com um amor dessexualizado, da ordem da amizade.

Sua construção delirante não impede a possibilidade de uma relação dessexualizada com o outro enquanto semelhante. Essa ideia será desenvolvida posteriormente com a clínica borromeana do último ensino de Lacan. Quando há falha no simbólico, pode-se compensar com uma relação imaginária com o semelhante que vem, de alguma forma, suplementar essa errância – não sem alguns problemas, principalmente no plano sexual.

Isso dá ao analista a possibilidade de se fazer "companheiro" do sujeito psicótico, como diz Jacques-Alain Miller,[60] no sentido de não encarnar o saber e de se proteger do gozo. A posição do companheiro exclui aquela do mestre e, sobretudo, aquela do gozador possível do sujeito. É uma presença vazia, encarnando o silêncio da língua, que pode ser totalmente compatível com uma atividade certeira. Ela não é desprovida de obstáculos, pois encontra frequentemente a inclinação do psicótico a se apresentar como um objeto próprio para completar o Outro no real, por exemplo, pelo "empuxo-à-mulher". Essa é uma lógica que tende na direção do que Lacan descreve da tentativa sadeana: "Esse objeto, acaso não o vemos decaído de sua inacessibilidade, na experiência sadeana, e revelado como o Ser-aí, *Dasein*, do agente do tormento?"[61]

Se a transferência se apoia no motor do amor, onde situá-la? O amor, com efeito, se constitui sempre a partir de uma falta; ele vem ocupar o lugar da falta da relação sexual. Compreende-se, então, que o psicótico esteja afastado disso, uma vez que tende a realizar a relação sexual ultrapassando a barra do impossível. É difícil para ele sustentar-se de um discurso amoroso; ora, a transferência é uma história "de amor verdadeiro", insiste Freud. A prática com os psicóticos, mais que nenhuma outra experiência, implica que o amor esteja do lado do analista. Em vez de tratar a psicose de modo deficitário, a transferência com os psicóticos é uma forma de amor enraizada na falta de saber, que nos concerne. Ela exige procurar os menores sinais do saber singular do sujeito, e atribuir valor de ensino a seu testemunho.

CAPÍTULO 3
A PSICOSE HOJE

Pode-se falar de variações de tipos clínicos de psicose em função das épocas? Objetaremos facilmente que se situamos com a psicanálise a posição psicótica como uma escolha dependendo das possibilidades e forças deduzidas da estrutura do ser falante – logo, constantes pouco submetidas às variações culturais –, as constâncias são essenciais e triunfam sobre as variações.

Entretanto, está claro que a fenomenologia dos sintomas, que classicamente permitiria fazer o diagnóstico, evoluiu menos. Não se pode negar que hoje muitos sujeitos não apresentam os sinais clássicos, tais como delírios e alucinações, mas que podem, contudo, com um olhar mais sutil, ser reconhecidos como psicóticos.

Sem dúvida, não é por acaso que essa questão começa a se colocar nos anos 1950, no momento da chegada dos tratamentos com neurolépticos que fizeram cair as grandes manifestações (principalmente delirantes) em registros mais discretos. Isso fez aparecer também categorias mais incertas que a da tradicional distinção neurose/psicose: os *borderlines* anglo-saxões, os *as if*, de Helene Deutsch,[62] as diversas formas atenuadas de psicose, fria[63] ou branca,[64] por exemplo.

Desse modo, temos que nos dar conta de que o psicótico, hoje, tende a apresentar sua sintomatologia, sua fenomenologia, menos sobre a vertente da grande loucura delirante – sobre a construção de sistemas – que sobre o modo leve, discreto, delicado. Além disso, pode-se pensar que isso favoreceu a possibilidade de diálogo com esses sujeitos, segundo a hipótese da psicanálise.

O que era o louco no sentido clássico? Lacan utiliza frequentemente o termo loucura, que, hoje, desapareceu com a classificação de nossa época.

Hoje os sujeitos não são mais "loucos", mas doentes mentais ou, ainda melhor (!) "usuários" da psiquiatria. A loucura era reservada principalmente aos grandes paranoicos delirantes, tais como Lacan encontrou e antes dele, Freud com Schreber: os construtores de sistemas e de mundos. Percebia-se imediatamente o caráter extraordinário da patologia.

É, portanto, para responder a essa mutação fenomenal que Jacques-Alain Miller propôs introduzir, em 1998, o termo *psicose ordinária*. Assim, ele afirma:

> Na história da psicanálise, interessamo-nos naturalmente pela psicose extraordinária, por aqueles que realmente 'arrebentavam'. Há quanto tempo Schreber é referência? Ao passo que temos aqui psicóticos mais modestos, que nos reservam surpresas, mas que podem, como veremos, se fundir num tipo de média: a psicose compensada, a psicose não desencadeada, a psicose medicada, a psicose em terapia, a psicose em análise, a psicose que evolui, a psicose sintomatizada.[65]

Temos aqui múltiplas possibilidades de entender um conceito – ou melhor, uma noção – que permite descrever um conjunto de fenômenos que opõem *ordinário* a *extraordinário*, na medida em que a psicose sempre foi definida do lado do extraordinário: do lado do "isso não é para todo mundo". Então, como vamos aplicar o termo ordinário ao que habitualmente é apresentado como extraordinário?

Na clínica mais conhecida de Lacan – aquela dos anos 1950, marcada pela hipótese estrutural –, distinguem-se as neuroses das psicoses a partir de um mecanismo próprio a cada estrutura: recalcamento para a neurose, foraclusão para a psicose. Lacan retoma essa concepção estrutural, como Freud, com a orientação dessa distinção em relação à linguagem. Essa clínica estruturalista permite distinguir radicalmente os campos que autorizam a propor que se tal sujeito é neurótico, ele não é psicótico, e vice-versa. Não se pode passar de um campo para outro e a diferenciação dessas repartições é bem marcada e pouco compatível com os estados incertos ou intermediários.

Já mencionamos o efeito da ciência moderna – que intervém

sobre o vivente particularmente pelos medicamentos – como uma das causas dessa evolução clínica. Porém, mais fundamentalmente, há uma razão primordial para o fato de que os psicóticos se apresentam hoje sob esta forma: "ordinária". O louco se apresenta como extraordinário quando *a norma* é estabelecida, a norma do laço social, quando o Nome-do-Pai funciona como significante-mestre de uma sociedade; pode-se, então, designar aqueles que não estão aí e intitulá-los "extraordinários". Isso supõe um conjunto que funciona segundo pontos de identificação: todos aqueles que são normatizados pelo Nome-do-Pai são ordinários, e aqueles que estão fora dessa norma, extraordinários. Isso supõe uma classe de sujeitos, a classe normatizada pelo Nome-do-Pai, como significante-mestre de uma cultura. É o que tivemos até o início do século XX. Não é por acaso que a psicanálise aparece nessa época, quando essa conjuntura começa a se desagregar.

Essa lógica permitia ao louco se tomar por Napoleão. Loucos que se tomam por Napoleão, não vemos mais tantos em nossos dias! Com efeito, a própria existência da exceção é questionada pelo "todos iguais" da ciência. Para que o louco apareça extraordinário é preciso que o ordinário seja estabilizado por um significante-mestre que faça os sujeitos manterem-se unidos e os faça se identificarem a esse ponto. A partir do momento em que esse ponto é inconsistente, como na nossa época, o mestre se torna anônimo. Restam "os mercados". A psicose paranoica funcionava como sistema de suplência ao sistema vigente. Compreende-se melhor a tentativa do paranoico de reconstruir o mundo, na medida em que se encontrava ejetado dele. Ali onde havia um sistema, aqueles que estavam excluídos pareciam extraordinários.

Assim, podíamos apreender melhor o delírio como tentativa de cura, o que Freud havia se dado conta em Schreber. Lacan o retoma à sua maneira, indicando que o delírio é uma metáfora equivalente ao Nome-do-Pai que está ausente, uma metáfora certamente um pouco privada, que não tem sentido comum, mas ainda assim uma metáfora, que visa a reconstruir a ordem do Outro. É por isso que Schreber se toma por a mulher de Deus e reconstrói a humanidade através de seus delírios. Isto é, excluído do mundo comum, ele se apressa em reconstruir um mundo ainda mais radical, ferozmente paterno; fazer existir uma nova humanidade reconstruindo uma figura do Outro ainda mais totalitária. É por isso que os paranoicos são fanáticos pelo Outro, um Outro especialmente consistente. Disso, são doentes.

É preciso dizer que o mestre de nossa época não oferece figura consistente disso. A única coisa que domina no presente momento é a cifra, a quantificação, a avaliação, não algo suscetível de dar um lugar a alguém, mas que visa, antes, a medir a partir de um ponto comum sobre um infinito contínuo. Aqui não há classe. A classe supõe, com efeito, um limite. Aqueles que dela fazem parte são definidos por pontos em comum, por exemplo a classe de pessoas não loucas. Hoje, nossas classificações parecem não subsistir diante da variedade infinita de fenômenos clínicos. É bem difícil afirmar atualmente: "aqui terminam as psicoses, ali começam as neuroses"!

Os modos de gozar são infinitos, e por isso Éric Laurent pôde dizer que a psicose ordinária era "a democracia de massa".[66] O que é um pouco provocador. Que quer dizer? A democracia de massa, o reino do indivíduo e do consumo de objetos, sem exceção, nem mestre.

A partir disso, nossa clínica estará bem menos preocupada em organizar os sujeitos nessas oposições binárias (neurose/psicose), embora elas subsistam. Mas os fenômenos não serão identificados a uma categoria mais que a uma outra. Nenhum fenômeno clínico é específico de uma estrutura. A alucinação não permitirá dizer que há psicose: nada mais é certo! Quanto ao TOC – fenômenos típicos nas classificações de nossa época –, pode-se encontrá-los tanto em sujeitos numa vertente psicótica quanto em neuróticos, na medida em que isso lhes permite uma produção para compensar alguma coisa.

Notemos também a oposição entre as duas figuras de referência de Lacan: Schreber na clínica estrutural e Joyce em seu último ensino. Schreber coloca em evidência a clínica da metáfora delirante como solução. Joyce, por sua vez, não valoriza nem a metáfora nem o delírio, mas *o uso da língua* tal e qual, enquanto material sonoro, enquanto "materialismo".[67] É em um trabalho sobre a própria língua, fora da significação, que Joyce produz sua solução. É totalmente diferente, ainda que sejam duas operações incidindo sobre a própria língua: do lado de Schreber, é a produção de uma nova significação, significação delirante pela metáfora; do lado de Joyce, nenhuma significação nova no sentido de produção de metáfora delirante. Para ambos é um trabalho sobre a língua que visa reunir o Real, o Imaginário e o Simbólico, dado que, no sujeito, eles não se sustentam rigorosamente juntos. No tratamento pelo delírio, temos uma passagem na língua segundo a lógica da articulação. Tomemos o S_1: é tanto um significante sozinho, como o fenômeno elementar na psicose. Lacan apreende isso em Clérambault.

O fenômeno elementar

É o que se apresenta de maneira isolada e enigmática: uma voz, um som, uma imagem, um sinal, um barulho, qualquer coisa que se apresente ao sujeito, sozinho, sem laço com outra coisa e que faz enigma. A única coisa da qual o sujeito tem certeza é que aquilo se endereça a ele (como Schreber e o barco, quando a sirene toca), que aquilo lhe concerne, e que ele fica sem cessar compelido a encontrar a resposta. Temos, em relação ao S_1 do fenômeno elementar (elemento sozinho), a tentação delirante de responder ao enigma: "O que quer dizer esse sinal?", "O que o Outro quer de mim através desse sinal?". Assim, Schreber interpreta esse sinal como a vontade de Deus de que ele aceite um corpo de mulher. Ele produz uma significação a partir do S_1. A resposta pela metáfora delirante é uma resposta que reconstitui a cadeia quebrada pelo elemento. A clínica da psicose ordinária mostra que há uma quantidade de S_1 – de fenômenos elementares – que não encontra o S_2 e que permanece no estado elementar.

Nossa prática se interroga a esse respeito: o que iremos fazer – nós, psicanalistas ou praticantes orientados pela psicanálise – com sujeitos que têm que se haver com esse gênero de fenômeno, mesmo quando eles não produzem interpretação? Eles não dizem "isso quer dizer..."; isso os faz sofrer, gera angústia, os afeta, mas não quer necessariamente dizer alguma coisa.

O fenômeno elementar é, então, um sinal paradigmático da psicose ao qual devemos estar sempre muito atentos. É o que devemos tentar circunscrever na Apresentação de Pacientes. O que é essa pequena coisa vivida pelo sujeito, aparecendo no meio desse panorama de uma vida tão lisa – pois, frequentemente, os sujeitos psicóticos relatam uma vida hipernormal e é por isso que empregamos esse qualitativo "ordinário" –, que o sujeito não será mais exatamente o mesmo? A partir desse momento, sua vida se encontra saturada por esse pequeno sinal – esse "elementar" para o qual ele deverá encontrar resposta –, seja por uma solução delirante, seja como na psicose ordinária, uma solução não delirante, mas uma bricolagem privada da qual é preciso tentar seguir a lógica.

É crucial apreender o fenômeno elementar em seu desenvolvimento ou em seu uso. Ou há um desenvolvimento pela articulação S_1-S_2, ou há um fenômeno que permanece no estado de elemento não articulado, e trata-se de ver qual uso o sujeito faz dele: um uso linguageiro, uma bricolagem na prática, o manejo de um objeto...

Temos, então, duas vertentes da orientação do tratamento: seja o tratamento na linguagem enquanto linguagem, isto é, a articulação; seja o tratamento da língua como *lalíngua* (em uma única palavra, como diz Lacan), quer dizer, a vertente da linguagem que não quer dizer nada, mas que tem uma materialidade, uma *materialidade* que inquieta ou persegue o psicótico. Percebe-se muito frequentemente que um tal sujeito que leva uma vida totalmente ordinária, aparentemente comum, tem em sua vida maneiras bem privadas de lidar com essa dificuldade: por exemplo, uma escrita totalmente intransmissível. Trataremos de situar isso, para encontrar o ponto de apoio de nossa intervenção.

A noção de psicose ordinária é solidária de uma outra orientação a ser observada: a distinção feita por Lacan em 1972, quando redige o prefácio das *Memórias* do Presidente Schreber, entre paranoia e esquizofrenia.

Ele indica que, na paranoia, o gozo está no Outro, ao passo que, na esquizofrenia, o gozo está no corpo. É essencial apreender esse binário, pois ele permite compreender que, na paranoia, a atividade interpretativa é uma maneira de responder ao gozo implicado no Outro. O Outro quer algo inquietante de mim e não sei o quê. O sujeito faz todo um trabalho para reconstruir o mundo – a ordem do mundo, a humanidade – para tentar tratar e responder à inquietude, à angústia diante desse gozo suposto do Outro.

Em contrapartida na esquizofrenia, Lacan indica que o problema é que o gozo não é exteriorizado no Outro, mas permanece no corpo. É, então, o próprio corpo que causa problema. E Lacan pontua – em um texto denso, "O aturdito"[68] – que a dificuldade para o esquizofrênico é de como fazer função de seus órgãos sem o recurso a um discurso estabelecido.

Quando se é neurótico, se está constituído na medida em que o corpo é construído pela linguagem, pela castração em particular, que exterioriza o gozo; ao passo que, para o psicótico – que não construiu uma suplência delirante, como o paranoico –, o próprio corpo é o lugar do gozo que não foi extraído pela operação da castração. O sujeito se encontra especialmente embaraçado por ter de lidar com esse corpo. Esse embaraço, é preciso tomá-lo da maneira mais simples, ou seja, como comer, respirar, dormir, beber, andar na rua. É isso o "ordinário". Podemos considerar esse termo "ordinário" como o que não é "extraordinário", mas também podemos tomá-lo no sentido de *ordinarius*, ou seja: a triagem, o ordinal, a classificação das coisas. Podemos também entender que, com o "ordinário", se pode fazer o ordinário, isto é, classificar os fenômenos, encontrar um uso, uma maneira de fazer, fazer triagem no incompreensível e no enigma. Está aí uma relação particular com a língua.

É por isso que, com o sujeito que não tem um delírio a nos propor, temos que nos interessar pelos detalhes ínfimos, descobri-los. Isso supõe uma posição mais ativa, uma atenção às pequenas coisas que vão embaraçar o sujeito. Jacques-Alain Miller dizia, em sua introdução à questão da psicose ordinária, de uma multiplicidade de formas de compensação. Podemos supor que, quanto menos o sujeito se sustenta com o registro tradicional do Nome-do-Pai, mais ele produz respostas que não devemos nos apressar em identificar àquelas da psicose extraordinária, isto é, à metáfora delirante. Quais são, então, as modalidades, as respostas trazidas pelo sujeito, que não são desse registro delirante?

Desde 1953, Lacan insiste na importância da função do Imaginário. Ele dá o exemplo do caso de um jovem pré-psicótico.[69] Essa noção de pré-psicose designa um estado anterior ao desencadeamento, sem ainda ter tido delírio, mas com traços localizáveis na clínica. Trata-se do caso, descrito por um certo Katan, de um adolescente que, na época da puberdade e por falta de meios de acesso ao tipo viril, tenta a conquista dessa tipificação por intermédio da identificação, da imitação integral de um colega. O sujeito não consegue se manter no mundo pela identificação fálica, e Lacan, tentando compreender a lógica do caso, indica que a identificação com o colega é um mecanismo de compensação imaginária. Já em 1953, Lacan tem a ideia de que, quando o sujeito tem que assumir sua posição sexual na existência, na adolescência, se isso não lhe foi transmitido pelo significante do Nome-do-Pai, ele pode compensar por um mecanismo imaginário: "copiar/colar". Trata-se de localizar essa compensação imaginária em nossos casos.

Lacan se refere a Helene Deutsch quando ela descreve as personalidades *as if*,[70] "como se", que produzem sujeitos extremamente robotizados, apresentando um lado artificial. Certos sujeitos têm essa capacidade especial de copiar/colar a imagem que, entretanto, não lhes dá totalmente a mesma função, pois isso se realiza sem subjetivação – o sujeito não pode se dar conta de sua escolha, que se impõe não dialeticamente. Se nos perguntarmos sobre a estrutura psíquica, devemos nos interessar pelo estilo e pela forma com a qual o sujeito lida com tais coisas. Então, surge aquilo com que Jacques-Alain Miller faz um paradigma do psicótico na condição de ordinário: um certo sentimento de exterioridade.[71] O sujeito não parece habitar nem seu corpo nem a própria língua.

Quais são as consequências dessa clínica em nossa orientação na prática? Interroguemo-nos primeiramente sobre o próprio estatuto da língua e sobre o uso que fazemos dela. Somos impulsionados a restabelecer o senso comum? Por exemplo, sem orientação psicanalítica, com os psicóticos, seria conveniente lhes dar o sentido da realidade, de lhes readaptar. De um lado o medicamento, quando se transborda muito; de outro, a readaptação social. Então, o sujeito e sua particularidade – seus interesses, sua solução própria – são escamoteados. Fica-se sem o sujeito. Convidado há alguns anos para ir ao Canadá – país onde o tratamento dos doentes mentais é reduzido a uma combinação de medicamento e readaptação social, o que produziu a lógica da avaliação –, eu lhes falei da clínica, termo praticamente desaparecido da linguagem daqueles praticantes! Sabemos, quanto a nós, que, de um psicótico a outro, não há ponto em comum. Nossa relação com a língua difere segundo a prática. A articulação é o conjunto do Outro, enquanto Outro da língua, na origem da estrutura que, por sua combinação, produz um sentido. Se o sentido comum se perde – e é bem essa a particularidade de nossa época –, quer dizer que o Outro não chega mais a produzir um sentido comum que mantenha as pessoas unidas. Então, temos uma congruência entre o sintoma psicótico e a modernidade, que é a de produzir o fenômeno de forma isolada, e que é também aquilo de que o sujeito sofre. Quando lhe falamos, ele tem sensações bizarras, angústias por não definir aquilo de que se trata. O que fazer disso? Passar pela via da articulação, da construção delirante que parte do Outro – pois nossa ideia de psicanálise é supor uma significação a ser decifrada – seria supor que já haveria uma significação dada, a ser descoberta.

No entanto, parece que a psicose, na sua vertente "ordinária", mostra que, ao contrário, a significação – com o uso que podemos fazer dela – está por ser produzida. Ela está adiante, e não atrás. Logo, para um sujeito que não sabe como fazer para respirar, andar, comer, etc., é a partir do uso da coisa, da maneira de fazer, que nós vamos encontrar uma resposta para o enigma do "elementar". Em outras palavras, nós tomamos a língua na vertente do uso, e não na vertente do sentido que já foi dado, na vertente de seu enodamento com o corpo, pois se trata do "elementar" em jogo. "O elementar" pode ser também um fenômeno somático particular, uma sensação física, um significante sozinho que se desloca sem que o sujeito possa encontrar um sentido para ele.

Outra dimensão de ordinário: aquela que tem a ver com o *ordinarius*, ou seja, a organização, o colocar em ordem. Esse é o trabalho do psicótico. Dizemos frequentemente que o psicótico é um sujeito em trabalho. Em trabalho, pois desprovido de soluções prontas, e coagido a uma reorganização incessante.

"Emma é Emma"

Vejamos o exemplo de alguém para quem isso faz problema a todo instante, obrigando-a a ordenar o mundo por causa da falta do Nome-do-Pai. Trata-se de uma mulher que encontrei por ocasião de uma Apresentação de Paciente, e que me explica como cada gesto cotidiano lhe é difícil. Nada ia bem para ela, exceto quando nasceu sua filha, Emma, de dois anos de idade. Sua relação com os homens é catastrófica, pois basta que um homem lhe faça um sinal, e ei-la incapaz de se impedir de segui-lo: no ônibus, na rua... Isso trazia alguns problemas! Porém, desde que ela teve a pequena Emma, tudo vai bem. Eu pergunto: "Por que esse nome?". Ela responde: "Foi pensando em Emma Bovary". Essa mulher cria a filha sozinha. Ela a teve com um desses homens casuais? De onde vem sua atração por Emma Bovary? Seria ela uma apaixonada pelo amor? Teria ela o devaneio, a imaginação, a paixão de ser uma outra?

Inicialmente tentei conduzi-la para o campo da interpretação imaginário-simbólica, que permitiria, a partir do S_1 de Emma, produzir um S_2. Mas essa mulher rapidamente me indicou que não era uma boa abordagem: "Eu escolhi Emma porque Emma é Emma!"

Emma, para nós, evoca o bovarismo no discurso amoroso, ou seja, que a um S_1 responde um S_2: é uma interpretação significante. Mas, para essa paciente, não é isso. "Emma é Emma": é um S_1 puro. Ela diz ter escolhido Emma porque começa com E, que a primeira letra do nome de seu pai é também um E e que seu sobrenome começa com F, o que faz, então, ABCD... EF!

"Eu pensei que fosse ao mesmo tempo como meu pai e que isso colocaria as coisas em ordem: E e, depois, F". Ela coloca em ordem as letras e, no fundo, também a ordem das gerações. Logo, é uma operação que incide unicamente sobre a letra, a triagem, a seriação... Pura operação pela qual ela cria, no lugar da falha do Nome-do-Pai, uma sucessão simbólica à sua maneira. Emma não diz nada além de Emma! É um significante que basta a si mesmo, mas, porque ele introduz uma ordem na sucessão das gerações, permite-lhe dar um lugar a Emma como aquela que vem depois. Há um antes e um depois, enquanto que, para nós, o simbólico opera sem que isso nos interrogue.

Minha questão (nada sutil) caiu bem, pois permitiu ao sujeito dizer algo. De toda forma, falar com um psicótico leva sempre a se enganar, o que é uma coisa muito boa! A boa posição clínica é a de fazer de uma tal maneira que a resposta *dele* seja a boa resposta. Eis um exemplo de resposta pertinente, com a ordenação na língua, sem uso da significação pela prática da nomeação.

Assim, a referência à noção de ordinário (que não é um conceito) nos permite ao mesmo tempo localizar a psicose de certos sujeitos – ainda que pouco sintomáticos – e orientar o trabalho sobre a maneira de se fazer com as coisas aparentemente mais simples da vida.

CAPÍTULO 4
UMA PRÁTICA ORIENTADA PELO ÚLTIMO LACAN

Lacan diz, em seu artigo *princeps* "De uma questão preliminar a todo tratamento possível da psicose",[72] que o analista deve ter uma ideia da estrutura, ainda que esse preliminar não indique, contudo, as modalidades de tratamento a seguir.

Após ter colocado a lógica da estrutura formulando a foraclusão do Nome-do-Pai, Lacan vai se encontrar às voltas com o problema do tratamento a se deduzir. Essa dificuldade introduzirá grandes mudanças em seu ensino, que se desenvolve a partir de uma série de impasses e de soluções. Cada avanço conduz a um novo obstáculo para o qual convém encontrar a saída, o que permite ganhar uma ponta de saber a partir de um ponto de real.

Jamais Lacan abandonará a ideia (mesmo se ele a relativize) da foraclusão do Nome-do-Pai como causa estrutural da psicose. Igualmente, a negação e o recalcamento descrevem os mecanismos em jogo na perversão e na neurose. Entretanto ele vai fazer variar de tal maneira essa ideia, a ponto de termos dificuldade de reencontrá-la, no seu último ensino. Certamente, haverá sempre o conceito de foraclusão, mas este não incidirá apenas sobre o Nome-do-Pai, o qual se apaga em prol de sua pluralização: passa-se do Nome-do-Pai aos Nomes-do-Pai, com a extensão da noção de foraclusão.

O Nome-do-Pai e o Outro

Uma primeira visada tenderia a recriar um Outro, no lugar desse Nome-do-Pai foracluído. Algumas iniciativas, em particular a corrente da psicoterapia institucional, foram inspiradas por essa proposição. Foi o caso de François Tosquelles – defensor da psicanálise no hospital e fundador, com Lucien Bonnafé, da psicoterapia institucional – que produziu uma obra extraordinária. A ideia é a de produzir uma instituição que seja para o psicótico um Outro civilizado, e que se interesse, mais além das normas, pela produção do sujeito. Essa orientação concebe a terapêutica a partir do Outro, enquanto o Nome-do-Pai serve para civilizar. A função do Nome-do-Pai confere uma lei ao Outro lá onde, na psicose, o Outro está inteiramente do lado do gozo.

Tomemos o exemplo dessa jovem mulher, encontrada por ocasião de uma Apresentação de Pacientes. Ela diz escutar a voz do muezim chamar para a oração a cada cinco horas. Nós estamos, em relação a essa prática religiosa, no registro ordenado pelo simbólico. Essa mulher indica, então, que a voz pode se tornar contínua; e a angústia a invade. Na falta de corte, a voz do Outro torna-se infinita, mesmo que o muezim tenha se calado.

Há, com efeito, uma dificuldade em pensar a terapêutica a partir do Outro, mesmo se se trata de um Outro benevolente, regrado e antigozador. Essa perspectiva causa impasse sobre a maneira como o singular pode ser acolhido. O próprio psicótico vem fazer objeção a essa regulação, a de não conseguir integrar a lei do Outro. Esse limite não é, entretanto, o apelo a uma recusa daquilo que, na instituição, constitui a necessidade de um abrigo. Lacan sempre foi crítico da antipsiquiatria. Ele recorria, de preferência, a uma psiquiatria que soubesse lidar com o singular da loucura. Limitar-se à função do Nome-do-Pai, como norma do Outro, leva a uma lógica universal. O valor do Nome-do-Pai é o "para todos". Como responder ao psicótico que não consegue alojar sua libido nesse "para todos"?

O significante no real

Lacan observa, desde o *Seminário 1*, a propósito de um caso apresentado por Rosine Lefort,[73] que aquela criança tinha apenas um caroço de fala: "o lobo, o lobo!". Ele desenvolve, então, que a redução mínima ao significante simplesmente duplicado, não articulado a um outro, é aquilo por meio do qual o sujeito está ligado à comunidade dos homens. Lá onde parece isolado em seu autismo, o jovem Robert tem esse significante sozinho para fazer laço social. Lacan não toma essa particularidade como um obstáculo, mas como uma possibilidade. Tudo depende da modalidade de acolhimento desse "o lobo!".

Pensar o Outro como universal regulado pela função do Nome-do-Pai, que faz limite e imprime sua lei, nos paralisa para conceber o tratamento caso a caso. A psicanálise conduz à consideração do mais singular, sem referência ao "para todos". A maneira pela qual cada um se extrai do Outro para produzir sua versão de gozo, de vida, faz, com efeito, objeção a toda universalidade.

Assim, Lacan é levado a generalizar a foraclusão como o Nome-do-Pai. Existe, é claro, uma foraclusão, mas ela não incide apenas sobre esse significante tão particular. Ela incide sobre o próprio sexual: não há relação que faça UM entre o masculino e o feminino; princípio que vale para todos os sujeitos falantes. É a partir dessa nova consideração que podemos pensar uma clínica singular, nos orientando pelas diversas modalidades de resposta do sujeito a essa falha na estrutura. A feminização, por exemplo, qualificada por Lacan como empuxo-à--mulher, é um tratamento na psicose do gozo. Schreber tinha a ideia de que a exigência de Deus de sua transformação em mulher era tanto uma resposta àquilo que, da função paterna, estava foracluído para ele, quanto uma resposta àquilo que, da relação entre os sexos não chegava, para ele, a se ordenar de um impossível.

Limites do conceito de foraclusão

A foraclusão permanece, então, como uma concepção deficitária da psicose. Dizer que ela é generalizada define o estatuto do humano pela falha. O psicótico não faz mais exceção. Ele é um caso particular, e não mais o único a quem falta o significante que permitiria construir uma completude. Por outro lado, em Lacan, a definição dos conceitos tem sempre uma consequência prática. Tirar a foraclusão do campo reservado à psicose abre para uma generalização daquilo que é terapêutico.

A foraclusão do Nome-do-Pai aparece então como uma concepção mecanicista. A metáfora paterna formula apenas que a partir do Outro se transmite ao sujeito o valor do Nome-do-Pai. Quando esse processo fracassa, o sujeito se torna, de alguma maneira, vítima de um mecanismo que lhe escapa totalmente. Ele sofre de um déficit radical. Ora, devemos poder contar, para que o sujeito possa tratar seu sofrimento, com sua implicação lá onde, contudo, o Outro não responde. Não teríamos nada senão medidas tomadas por um Outro não barrado, que valeria para todos. Um tal Outro não existe, mas essa lógica é a das terapias comportamentais que visam a retificar o sujeito a partir da norma.

O pai é definido a partir do conceito de foraclusão como um puro operador simbólico: o Nome-do-Pai. Estamos no registro que é o da fala, do significante articulado. A consequência disso é, na perspectiva do primeiro ensino de Lacan, uma certa leitura da problemática edipiana à medida que ela é revelada pela clínica das psicoses. O que conta do lado da mãe não é o caso que ela faz da pessoa do pai, mas o crédito que ela dá a sua fala. Temos, então, uma versão do pai como potência de fala. Eis uma fórmula ligeiramente idealista, que o próprio Lacan criticará. Por que, então, a mãe daria crédito à fala do pai? Em "Alocução sobre as psicoses da criança",[74] Lacan enfatiza de preferência o peso de real da criança, e aquilo que faz oposição para uma mulher a que um homem faça dela seu objeto de desejo. A questão, descentrada do operador simbólico, é deslocada para o real em jogo para um homem e uma mulher. Um tipo de equilíbrio dos gozos aparece entre, do lado mãe, aquilo que ela encontra na criança diante da qual – Lacan insistirá sempre sobre isso – o homem não é capaz de exercer uma função, e do lado mulher, aquilo que o homem capta em sua parceira, a parte de seu gozo à qual ela consente. Nessa divisão, alguma coisa faz limite. É por isso que convém examinar a questão da psicose infantil a partir da sexualidade feminina, e não somente a partir dos cuidados dados pela mãe.

O declínio de uma função

Por muito tempo vimos, nessa concepção de pai, uma promoção da paternidade. Entretanto, Lacan jamais cessou de desidealizar a função paterna, de levá-la ao limite do real que faz obstáculo ao real do corpo da criança.

Do lado da mãe, a fórmula "Nome-do-Pai sobre Desejo da Mãe"[75] vislumbra a psicose em sua relação com o desejo da mãe. Há um x que o Nome-do-Pai produz como falo. Qual é o desejo da mãe? O falo, diz Lacan naquela época. Ele fornece uma significação que permite simbolizar o desejo. Lacan criticou também essa concepção, precisando que se trata, na psicose, do gozo da mãe. O desejo da mãe não se resume ao falo: não há apenas um desejo. Há também uma vontade de gozo que vai mais-além.

Logo, é preciso colocar a questão de outra forma. Não se trata apenas de metaforizar o desejo da mãe, mas de discernir o que pode fazer limite ao seu gozo. O que se produz não é mais o único significante deduzível da metáfora, mas um ponto limite entre Real e Simbólico.

A foraclusão não dá conta de toda a clínica das psicoses. Por exemplo, a devastação materna indica que há, mais-além do desejo, uma exigência pulsional que não encontra seu ponto de parada, e que reenvia a um gozo ilimitado.

O Nome-do-Pai, pensado como operador simbólico, tem um outro inconveniente. Com efeito, ele implica uma lógica binária: há ou não há. Ora, a clínica com a qual nos confrontamos nos mostra que isso não é tão categórico. Certamente, o caso de Schreber dá ideia dessa lógica. O desencadeamento é localizável de maneira muito precisa, depois o delírio se constrói. Em numerosos casos, teríamos bastante dificuldade em situar os fenômenos tão claramente. Poderíamos, no entanto, desenvolver uma clínica graduada, continuísta, que não se apoie sobre a oposição e a articulação de significantes em uma proposição indiscutível.

Essa concepção abre para nosso trabalho um vasto campo. Ainda que possamos e devamos diferenciar psicose e neurose, é possível obter soluções inéditas que marquem uma certa continuidade, nos dois casos.

Essa graduação opera desde que não estejamos mais, de partida, na lógica do Outro. A resposta que vem do sujeito permite acolher a marca das singularidades, suas variedades. Assim como o rapaz que imitava seu colega, e que nos mostra uma das soluções possíveis. Ele não se apoia no Outro do simbólico, mas no pequeno outro do imaginário, o que é frequentemente encontrado em certos sujeitos psicóticos e demonstra um modo de identificação rígido.

Mais precisamente, pode-se afirmar que Lacan critica radicalmente essa perspectiva da foraclusão do Nome-do-Pai por ela ser uma lógica do Outro. É a lição do paranoico que reconstrói um pai especialmente sólido e se faz a garantia dessa construção. Há uma coerência entre pensar a psicose a partir da paranoia e pensar a foraclusão do Nome-do-Pai como um processo implicando o Outro. O paranoico, em falta para sustentar a função do Outro, a reconstrói à sua maneira. Ele reconstrói o mundo e, como Schreber,[76] se faz guardião de sua ordem. Essa lógica vale para a paranoia, mas passa à margem de uma grande maioria de casos de psicose. Lacan será levado a questionar de novo esse raciocínio excessivamente universal, que associa paranoia e neurose. Encontramos aí o ponto de partida formulado por Freud, particularmente em seu artigo "A perda da realidade na neurose e na psicose".[77] O problema não está em opor o psicótico e o neurótico, como se um não estivesse na realidade e o outro teria acesso a ela. Freud conclui que ambos estão fora da realidade e que não querem saber nada disso.

Freud fala da relação com a realidade. Lacan traz uma precisão suplementar que implica as modalidades de defesa para cada estrutura, em sua relação com o gozo e com o real. O psicótico se defende por meio do delírio, no ponto em que o neurótico se apoia sobre seu fantasma para construir sua relação com o mundo.

Buscamos as primeiras hipóteses de Freud, em seus artigos sobre as psiconeuroses de defesa[78] (1894-1896). Psicose e neurose são modalidades de defesa frente a alguma coisa que o sujeito não aceita. Freud não define o real – à diferença de Lacan, que destaca o lado sem lei –, mas fala de aversão. Trata-se de examinar as modalidades de resposta a esse insuportável. O neurótico opera pelo recalcamento e rejeita o que deseja ignorar no inconsciente; o psicótico, que não tem a sustentação do inconsciente, rejeita no exterior: é a expressão que Freud emprega desde 1894, *verwerft*. Para todos os seres falantes, do ponto de vista do real e da realidade, o sujeito está em posição de defesa. É o que traduz Lacan inscrevendo o sujeito barrado sob a cadeia significante S_1–S_2. O próprio sujeito é defesa e se deixa representar na cadeia, lá onde isso fala por ele. Observemos que o significante é aqui pensado a partir do gozo.

Freud, a partir do conceito de realidade, não podia distinguir as diversas formas de psicose. O que vem no lugar da suposta realidade, tanto para o neurótico como para o psicótico, é a construção subjetiva que adquire valor de Outro, fantasma ou delírio: são arranjos da ordem do semblante e que permitem tolerar o real. Freud, mais tarde, terá, no entanto, uma outra ideia que não se contrapõe a essa hipótese, o que lhe permite distinguir, na psicose, várias modalidades de resposta àquilo que, do gozo, é inumano.

A esquizofrenia, paradigma da clínica das psicoses de nossa época

Em seu notável artigo "O inconsciente" (1915),[79] Freud retoma várias vezes as relações da palavra e da coisa: na esquizofrenia, diz ele, "a palavra está no lugar da coisa".[80] "A construção de suas frases passa por uma desorganização peculiar, que as torna incompreensíveis para nós, a ponto de suas observações parecerem disparatadas".[81] Há perda de sentido da frase, e "referências a órgãos corporais ou a inervações quase sempre ganham proeminência no conteúdo dessas observações".[82]

Acompanhemos Freud ao pé da letra. O que se perde é o Um que faz unidade, ou seja, o sentido. Na lógica dos discursos, o significante mestre organiza o efeito de significação que passa pelo Outro. Na esquizofrenia, o S_1 não está mais no princípio da leitura, do deciframento, e a palavra retorna diretamente ao corpo. Ao *contrário*, para o sujeito que não é esquizofrênico, a palavra está do lado do semblante, da lógica significante que é a da linguagem. Freud indica que o esquizofrênico é aquele cuja língua tem uma relação direta com o órgão. As partes podem se juntar, e não se despedaçar. Freud dá o exemplo de uma paciente de Dr. Tausk, que conquista seu amado por meio de um "revirar dos olhos",[83] no sentido literal do termo.

Evoquemos aqui um outro sujeito, cujo discurso é difícil de seguir e que repete sem cessar a palavra violência: "Violência? Pode me explicar o que é essa palavra para você?", demanda o analista. "Sim, está muito claro, é um estupro, mas lento".[84]

Para esse homem, o significante não reenvia a um outro significante. Ele vale por si mesmo. Freud indica que, na esquizofrenia, o "processo pode ir tão longe que uma única palavra, se for especialmente adequada devido a suas numerosas conexões, assume a representação de todo um encadeamento de pensamento".[85] Como isso é possível, visto que o significante só vale por oposição a um outro, na lógica estrutural? Lacan retoma esse ponto falando da holófrase que, em uma única palavra, condensa toda uma cadeia. Para exprimi-la na lógica lacaniana, um significante S_1 não reenvia a um S_2; ele reenvia a um órgão do corpo. Há uma equivalência entre o significante sozinho – o que é um paradoxo, pois o significante se define por ser puramente diferencial e, portanto, sempre em uma relação com um outro – e o órgão, o objeto, o que Lacan escreverá $S_1 = a$. A palavra não é mais, na esquizofrenia, pensada no registro da representação – que implica a referência –, mas abordada a partir de sua igualdade fonética com um outro. Em si, a coisa está incluída na palavra. Freud termina seu artigo assim: "Podemos tentar caracterizar o modo de pensamento dos esquizofrênicos dizendo que eles tratam as coisas concretas como se elas fossem abstratas".[86] A palavra é equivalente à coisa, conclui Freud; o que Lacan retomará dizendo que, na esquizofrenia, todo o real é simbólico.

Uma oposição se desenha entre aqueles que estão de acordo com a lógica do Outro – neuróticos amigos do fantasma e paranoicos delirantes – e aqueles para quem o S_1 não está religado a um S_2. Essa distinção, esclarecida por Lacan, resulta em uma questão própria à esquizofrenia: o que fazer com o corpo quando, como diz Freud, há uma conexão direta entre a palavra e o órgão? Que possibilidade existe de se fabricar um corpo simbolizável, o que se supõe que ele esteja preso em um discurso?

Lacan aborda essa questão de uma outra maneira com o autista, que ele designa, em sua conferência de Genebra sobre o sintoma,[87] como um personagem de preferência verboso, que goza da sonoridade mais que do sentido. O termo verboso indica que o autista não está fora da linguagem – pré-linguística, como algumas teorias o supõem –, mas que sua relação com a "materialidade" significante o impede de ir em direção ao sentido. Pois, para encontrar o efeito de sentido na língua, é preciso que o valor de gozo do objeto "som" caia. No autismo, tem-se uma coalescência do som e da palavra que mantém, sem perda, o gozo verboso incluído na língua.

Essa consideração do significante sozinho, S_1, é essencial na condução do tratamento porque ela não orienta do lado da busca do segundo significante. Ela questiona a relação que há entre o significante e o corpo, o órgão. Assim, Lacan foi conduzido a criticar a própria noção de significante que ele havia promovido, na medida em que apenas teria valor diferencial, em sua articulação com o conjunto dos outros significantes. Ele insistirá ainda mais sobre a função da letra, que, na língua, não convoca nada mais que ela mesma. A letra é o que é, ela não é o sentido que lhe damos.

Em seu artigo "Clínica irônica",[88] Jacques-Alain Miller sublinha o fato de que o paradigma da clínica das psicoses de nossa época não é mais a paranoia, mas a esquizofrenia. Nossa época faz objeção ao Outro, como o vemos na errância moderna de muitos sujeitos, que não sabem mais a que se devotar para saber como fazer. A ironia incide sobre o Outro. O esquizofrênico vem mostrar o lado inconsistente da crença no Outro, da crença no Édipo, por exemplo. Jacques-Alain Miller diz, do esquizofrênico, que seria o sujeito que não excluiria o real. É uma posição fundamentalmente diferente daquela que nós havíamos localizado como ponto comum entre o neurótico e o paranoico, que, do real, não querem saber nada. Essa posição está em relação com a lógica do S_1, que não representa o sujeito na cadeia. O esquizofrênico não exclui o real, e a modalidade de tratamento que ele opera não é da ordem da defesa. É com isso que podemos nos instruir sobre suas maneiras de fazer. Sua relação com a língua, não sendo defensiva, pode, ocasionalmente, ser criativa. Como em Joyce, a quem Lacan presta homenagem.[89]

Usos da linguagem

O percurso de Lacan é uma aporia que não fornece nenhuma solução definitiva. Ao "isso não vai bem", não há outro tratamento que não seja o próprio sintoma. Se "isso não vai bem" para todos, se há uma foraclusão generalizada, então, o sintoma – que Lacan transforma em *sinthoma* –, é, ao mesmo tempo, solução e marca do real como impossível. Nesse ponto ainda temos que aprender com o psicótico, como Lacan fez com Joyce, que demonstra como dispensar a psicanálise.

Na língua há a vertente da significação – escolhida pelo neurótico, que dispõe do fantasma para regular sua relação com o Outro – e a vertente do psicótico, que constrói uma significação delirante. E ainda a vertente fora do sentido, que não produz significação estável mas tenta um limite entre o corpo e a língua. Elas se combinam, sem se opor.

As soluções do sujeito são continuístas, de onde o infinito da série clínica. Schreber e suas memórias nos ensinam mais sobre a paranoia que o próprio conceito de paranoia. Em outras palavras, nenhuma solução se assemelha à precedente, no sentido de poder ser alocada na mesma classe. Nós somos, do ponto de vista da práxis, obrigados a pensar em séries de casos. Pode sempre haver um outro que demonstrará um aspecto novo da questão clínica estudada. E, entretanto, dessa série, nós tentamos recolher um saber apreensível, mais ou menos claro, que é o ensino singular de tal caso preciso. Essa lógica é coerente com a ideia de que o Nome-do-Pai não é o operador central, mas uma concepção no limite do religioso, dominado pelo mestre do simbólico. ainda que, à semelhança de Joyce, seja possível, como sublinha Lacan, haver um manejo leve. Leve, pois não o saberíamos impor como a lei do Outro que regularizasse o conjunto de gozo do sujeito. Leve no pequeno detalhe que se trata de localizar, a solução frágil e útil que um obstáculo imprevisto pode fazer desabar. Existem também impasses nas soluções inventivas de cada sujeito.

As condições do próprio sujeito, na ordem de sua estrutura, se redobram devido ao déficit da transmissão simbólica de nossa época. Não há espaço para lamentá-lo, nem para ser nostálgico. Trata-se, preferencialmente, de considerar esse real, para que a clínica orientada pela ética da psicanálise esteja à altura dos fenômenos contemporâneos.

CAPÍTULO 5
O ESTILO QUE CONVÉM:
PRAGMÁTICO, DEMOCRÁTICO, IRÔNICO

O encontro entre o sujeito psicótico e o psicanalista interroga, de maneira radical, o paradoxo que está no coração da experiência analítica e que constitui igualmente seu limite. Como usar a linguagem para tratar o gozo, sabendo que ela é seu veículo? Esse é o impasse com o qual cada falasser se encontra confrontado. Impossível sair disso, ou, como diz Lacan, *não há metalinguagem*, ou seja, existe, no cerne desse muro intransponível, uma grande variedade de usos possíveis. Assim, nosso campo de intervenção encontra-se delimitado nesse vasto espaço pragmático.

Isso tem, inicialmente, como consequência, que o analista não possa se situar do lado do saber sobre o sujeito nem que possa se contentar em ser uma orelha benevolente e especialmente advertida. Também, a indicação de Lacan segundo a qual o analista deve adotar a posição de secretário do alienado[90] sinaliza, sobretudo, que se trata de proceder fazendo a coletânea, ao pé da letra, do discurso do paciente. Essa posição não se reduz, entretanto, à de um registrador passivo, pois, ao deixar o sujeito falar sem a mínima limitação, arrisca-se produzir uma metonímia infinita, quer dizer, um discurso no qual ele não possa achar o mínimo apoio nem um ponto de basta. Trata-se, então, de entender essa posição de secretário como uma função ativa, permitindo ao sujeito transcrever seu sofrimento, seu excesso de gozo, e pontuar seu discurso. O corte é, com efeito, a condição de inteligibilidade e de reunião daquilo que se diz em torno de alguns significantes que têm função de ponto de basta.

Para se chegar a produzir esse efeito de corte, parece que o estilo de encontro que convém é aquele da conversação, em que o analista se faz de parceiro ativo desse esforço de nomeação. Para isso, o analista constitui uma espécie de vácuo que designa o lugar do possível e que tem por função validar o esforço de criação do sujeito. Introduzir o sujeito no infinito de variação dos usos possíveis da língua supõe também fazer calar a voz invasiva do Outro. Para isso, trata-se de sustentar a função do silêncio e de liberá-la como espaço do qual possa advir o novo. Esse movimento responde a uma lógica que é aquela que Lacan evoca quando fala de reviravolta do sintoma em efeito de criação.[91] Trata-se, então, para o analista, de operar uma mutação, uma passagem do que estava submetido ao que se criou. Isso é totalmente da ordem do pragmático, pois não visamos nem o sentido nem a verdade, mas apenas o uso em relação ao gozo. Do mesmo modo, o analista aposta na contingência, na qual o que convém é o que permite um efeito de homeostase do gozo. Concretamente, isso pode consistir em coisas bastante diferentes: uma prática particular da língua, como é o caso da escrita para Joyce, uma identificação a uma nomeação, uma vestimenta imaginária, como mostram os casos recolhidos nos capítulos que se seguem.

Esse cuidado pragmático justifica, sem dúvida, o fato de que essa prática possa se endereçar ao maior número de pessoas possível. Com efeito, de saída, não nos perguntamos sobre a indicação terapêutica que se deduz do diagnóstico, mas simplesmente sobre o benefício que tal sujeito, diferentemente de qualquer outro, poderá extrair do encontro analítico. Essa é, sem dúvida, a razão pela qual esses sujeitos, muito comumente deixados em segundo plano pela psiquiatria atual, vêm com tanta frequência pedir socorro ao psicanalista. Esse último se reduz, no fundo, a ser apenas aquilo que ele faz. Não somente ele não tem o ser em si, como também não deve responder a nenhuma definição transcendental.

Um dos aprendizados que podemos tirar dessa prática singular é que a função de enodamento do Nome-do-Pai pode, daí em diante, ser preenchida por soluções extremamente variadas. O próprio Nome-do-Pai, não aparecendo mais como uma instância dominadora, se democratiza. A questão não é mais fazer valer o Pai, com uma maiúscula, como universal, mas tal pai, em seu valor único, para um tal sujeito que o constrói como seu sinthoma. O estilo da conversação analítica sustenta esse tratamento, pois essa modalidade de interlocução supõe que o saber se elabora ao falar. O saber não está lá, à espera de ser revelado pelo Outro da interpretação; ele está adiante, a ser produzido, a ser inventado...

Essa prática, segundo o estilo democrático, tem igualmente por visada permitir a elaboração do ponto que faz falta ao psicótico, mas que, graças a essa elaboração, lhe permitirá se inscrever em um discurso estabelecido. A inscrição em um discurso é o que estabelece uma rotina para o sentido, assegurando a permanência e a estabilidade do laço entre os homens e as coisas. Não estando assegurado de nada, o sujeito psicótico é forçado a inventar, sem cessar, para que isso se sustente, apesar de tudo. Mas esta é uma tarefa que se apresenta mais frequentemente para ele sob uma luz infernal e desagradável. Como me dizia um jovem às voltas com essa necessidade: "Você não tem ideia do que estou condenado a fazer e refazer permanentemente". Devemos favorecer também uma certa inércia do sentido que permita fixar uma pontuação para tornar a língua mais habitável, a fim de que ele possa encontrar nela um abrigo e que ela cesse, mesmo que seja por um pouco, de ser um abismo sem cessar reaberto.

Essa prática um pouco subversiva contesta a verdade da ideia, muitas vezes admitida na psicanálise, segundo a qual o exercício da palavra suporia um mais-além, um sentido escondido, uma verdade recalcada. Contra essa vertente verdadeiramente paranoizante, convém apostar nos efeitos de escrita produzidos pela própria palavra. Esses são efeitos reais, no presente, que realmente favorecem justamente o corte, a separação do Outro.

Contudo, não seria necessário acreditar que essa referência tomada na democracia se faz na ótica de um igualitarismo, o que equivaleria a considerar a análise como uma prática entre iguais: todos semelhantes, e mesmo entre *ego*, do eu ao eu! Pois não é a partir da identificação egoica que um avanço possa ser produzido; tão pouco por acreditar que o diálogo analítico se resuma a ser apenas uma troca de sujeito a sujeito. Esse termo democracia está aqui mais em referência à própria língua, quando a falta de crença no significante mestre deixa, para cada um, um sentido a se inventar. O uso desse termo tem, portanto, uma ponta de conotação irônica; a ironia em questão visando a fazer desconsistir a ilusão do todos iguais que a ciência se devota a fazer existir, reduzindo cada indivíduo a não ser nada além de uma cifra equivalente a outra.

Lacan tinha localizado bem a dimensão irônica própria ao esquizofrênico.[92] Jacques-Alain Miller nos convida, por sua vez, a ajustar nossa clínica levando em conta as consequências dessa posição radical: "A escolha é uma escolha forçada: ou bem nossa clínica será irônica, isto é, fundada sobre a inexistência do Outro como defesa contra o real, ou bem nossa clínica será apenas uma cópia pouco criativa da clínica psiquiátrica".[93] No capítulo "Fragmentos", que introduz este livro, vários exemplos – notadamente o caso de Martin e do Sr. T. – vêm ilustrar essa modalidade irônica de resposta do sujeito, quando o Outro *se acha*, como dizem as crianças. Para o analista, trata-se de aprender a lição para se posicionar do lado do sujeito e, assim, se proteger contra a tentação de vir a ocupar, e mesmo encarnar, o lugar do grande Outro.

Quais são as implicações de uma tal escolha? Em primeiro lugar, essa escolha preserva o esquizofrênico de ser o novo herói do anti-Édipo, que, a exemplo do que Gilles Deleuze e Félix Guattari[94] tinham promovido, em seu tempo, viria exaltar as virtudes criativas de uma posição de exterioridade; nós sabemos suficientemente bem como essa posição pode custar angústias violentas e exclusão social. Em seguida, ela coloca o clínico ao abrigo de uma posição que consiste em classificar os sujeitos em categorias, em organizá-los em categorias com o objetivo de fazer crer que é aí que reside a particularidade própria a cada um. Ora, essa classificação se inscreve na dependência de uma lógica do Todo e das partes. Basta tomar o exemplo extraído de uma Apresentação de Pacientes no hospital, a de uma moça que me explica, muito precisamente, como tudo o que lhe acontece começou quando ela tinha doze anos, devido a um acontecimento traumático com consequências radicais: "Desde essa data, eu sou uma enterrada viva", confessa. Ela marca bem, com isso, o ponto do desencadeamento, assim como sua posição subjetiva: aquela de ser alguém que já morreu, mas que, no entanto, continua a falar. Essa entrevista com uma morta--viva certamente não foi muito divertida, mas de um grande ensino! Ainda, após mais de uma hora de conversa – quando ela me dizia que tinha ficado todo o inverno literalmente encarcerada dentro de sua casa, não consentindo em sair a não ser para ir ao hospital –, permiti-me perguntar-lhe: "Acontece, apesar de tudo, de você sair para outra coisa?". Então, para minha grande surpresa, ela me responde, muito naturalmente: "Sim, sim, uma vez por semana eu vou ver o meu psi". "Ah, bom! E então, o que acontece? Em que isso te ajuda?". "Bem", prossegue ela, "eu vou ver o meu psi, ele me disse que faz comigo uma psicoterapia. Ele é muito gentil e eu fico muito contente, porque isso me permite sair uma vez por semana". Enquanto eu continuava a lhe interrogar para que ela esclarecesse em que lhe ajudava o fato de ela sair uma vez por semana para ir ver um homem tão gentil, ela subitamente foi tomada por um riso muito particular, que contrastava singularmente com sua apresentação inicial, de preferência sinistra. Depois ela me diz: "De fato, é ele quem acredita que isso sirva para alguma coisa! Mas, você sabe, para fazer seu trabalho, é preciso acreditar que se vai curar as pessoas, mas eu, eu sei que ninguém me curará". O riso que acompanha essa afirmação tinha certamente alguma coisa um pouco inquietante, mas ele indicava também sua posição fundamental, que consistia em deixar o outro acreditar no que quisesse...

Esse exemplo convida a considerar as implicações dessa posição radical. Aí onde poderíamos pensar que sair não serve para nada, essa moça nos indica que, ao contrário, sair para ver alguém lhe permite nada menos do que tomar um ar, no sentido próprio da palavra. Em contrapartida, no que diz respeito ao tratamento pela fala, assim como às intenções terapêuticas e ideais de cura, nisso ela não crê nem por um segundo. Isso não a impede, entretanto, de fazer um certo uso, certamente irônico, dos semblantes para ocupar um lugar no laço social. Para a psicanálise, a ironia designa uma posição subjetiva no discurso;

ela não caracteriza, como alguns pretendem, uma intenção agressiva. Como Lacan o afirma quando critica a posição de Maurice Bouvet em relação à neurose obsessiva: "Longe de ser uma reação agressiva, a ironia é, antes de tudo, uma forma de questionar".[95] É uma bússola para nos orientar no encontro com o sujeito psicótico. Deve-se privilegiar esse modo de relação com o saber para evitar a consistência persecutória, sempre prestes a renascer, pois ela é inerente ao discurso. A posição irônica é, portanto, consequente para responder a essa objeção e para tornar a prática possível. Uma dupla manobra opera aqui: por um lado, recusar a dar consistência ao Outro do saber; ao se cavar permanentemente o buraco, a fim de poder, em seguida, convidar o sujeito a produzir um saber, que, ao contrário, nós lhe supomos. Isso implica, de nosso lado, um certo amor por esse saber, que se manifesta através de um interesse por pequenos sinais ou por detalhes aparentemente insignificantes da vida quotidiana. Mais radicalmente, a ironia toca as próprias raízes da linguagem, mostrando que ela não é a representação; contrariamente à ideia que prevalece na psicologia, segundo a qual existem as coisas e existem as palavras que deveriam representá-las. O simples fato de que o sujeito delira mostra bem que a linguagem não serve para isso, pois, justamente, é possível falar daquilo que não existe! Logicamente, podemos dizer que nossa clínica com psicóticos consiste, não em introduzi-los no universo da representação, mas em aprender – nós mesmos, e com eles – a falar do que não existe.

Mas, então, devemos nos perguntar onde está o referente? Onde se encontra o ponto em comum permitindo chegar a um acordo *a minima*?[96] Esse elemento, se existe, não é de toda forma um dado, mas algo que está por se construir na, e pela, conversação. Isso é possível sob a condição de que possa ser instaurada, na cavidade, um lugar vazio para que o novo possa advir na língua. Isso tenderia a demonstrar que a ironia não possui apenas uma dimensão crítica, mas ela é também potencialmente criadora.

Para que o analista esteja à altura do desafio que lhe coloca o encontro com o psicótico, a questão principal não é aquela da técnica ou do enquadre. Enfatizar o estilo pragmático, democrático e irônico é, de fato, primeiramente, uma posição que implica um certo *savoir y faire* cujas apostas são também políticas. O cientificismo moderno acredita que podemos injetar saber para governar os seres falantes, mesmo em sua intimidade. Uma paciente rotulada maníaco-depressiva, tendo que se haver com a medicina mais objetivante, me dizia de sua reação após uma RM:[97] "O especialista me disse que nunca tinha visto tamanha agitação dos neurônios do cérebro, mas ele não poderia jamais saber o que eu vou lhe dizer...". Essa é uma maneira de dizer, muito precisamente, que a psicanálise não se apoia sobre um saber prévio, mas sobre um saber a advir. Isso é o que nos permite abrir um respiro para todos aqueles que hoje, psicóticos ou não, sufocam frente aos imperativos da predição e do determinismo.

Acrescentemos que esse estilo de conversa não se faz sem certa alegria, aquela que, para o analista, se deduz da falta de saber sobre o sexo, onde encontra alojamento para a causa de seu desejo. Na célebre "Alocução sobre as psicoses da criança",[98] pronunciada à ocasião de um colóquio sobre as psicoses infantis, Lacan marcou um certo desacordo com o que estava sendo dito, fazendo valer uma oposição entre o ser-para-a-morte e o ser-para-o-sexo, para indicar que uma prática analítica digna desse nome deveria se sustentar, prioritariamente, nessa segunda dimensão. Ele conclui dizendo que se trata de saber "que alegria nós encontramos naquilo que constitui nosso trabalho".[99] De minha parte, considero essencial que essa mensagem tenha sido direcionada aos praticantes do tratamento da psicose.

PARTE II

A GALERIA DOS INVENTORES

CAPÍTULO 6
BRICOLAR PARA VIVER

Quando Françoise, jovem de vinte e sete anos, vem me ver, incentivada por uma amiga, a única coisa que pode me dizer é que é atraída pela morte. Ela não vê o que poderia impedi-la de escapar da morte, pelo tanto que essa perspectiva lhe parecia ser a única sanção a sua própria nulidade. Estando licenciada do trabalho por inaptidão, ela não quer ouvir falar de intervenção psiquiátrica, já tendo experimentado uma longa hospitalização no momento de uma crise precedente. A vida é, para ela, especialmente difícil no cotidiano, pois cada ato, por mais simples que seja, lhe exige complexas elaborações: andar na rua, olhar através da janela, vestir-se de manhã... Apesar disso, ela conseguiu um diploma da Escola de Belas Artes e sobrevive de pequenos trabalhos. Sua existência precária a obriga a efetuar várias estadias em instituições psiquiátricas, onde foi diagnosticada tanto esquizofrênica, como melancólica.

As crises que a levam a ser internada são sempre consecutivas a encontros sexuais infelizes, tanto com homens quanto com mulheres. Vindo me ver, ela espera sair dessa série na qual prevalece para ela, não tanto o fracasso como saldo desses encontros, mas o fato de que eles tenham uma tonalidade inevitavelmente dominada pela morte. No momento em que eu a encontro, é a morte acidental de sua melhor amiga que a precipita, me diz ela, "em um buraco sem fim". Rapidamente, reconhece que esse buraco é aquele que ela não cessa de encontrar no cotidiano, e no qual a perda de seu *alter ego* não passa de uma forma radicalizada.

Opor-se ao destino

Assim ela tem a certeza de que apenas a morte pode vir a realizar o destino de seu ser. Nessas condições de grande proximidade com a Coisa, quando a verdade se desnuda por não poder ser dialetizada, como seria possível um apelo ao Outro? Essa foi a aposta do tratamento para impedir o sujeito de se completar no real do ato suicida, restaurando um laço social mínimo, com a parte de sombra e de semblante que ele requer. A manobra foi perigosa, visto o estado mortificado no qual eu a encontrei pela primeira vez. Foi o caso de introduzir um mínimo de simbolização nesse excesso de real, indicando-lhe que eu queria revê-la, mas que ela deveria para isso me pagar, mesmo que de maneira módica, como foi o caso. Aí onde o sujeito se apresentava irredutível, dejeto real não contabilizável, propor-lhe pagar visava a introduzir a dimensão da troca, e, mesmo, a da perda. Essa questão fará, para ela, a partir daí, o ponto de apoio no discurso, permitindo-lhe operar um deslocamento de seu estatuto de puro dejeto em direção a uma função possível de equivalência no registro dos significantes do Outro.

Os primeiros tempos do tratamento foram muito difíceis. Françoise vinha apenas se eu lhe demandasse, e se restringia a responder às minhas questões de uma maneira geralmente muito reduzida. O analista se encontrava diante desse paradoxo de ter que supor um saber do lado do sujeito, apesar de a via do inconsciente estar, devido à foraclusão, barrada. Pouco a pouco, a partir do momento em que as sessões começaram a diminuir um pouco o excesso de gozo mórbido, ela pôde falar de seu modo de satisfação: uma prática compulsiva da masturbação, chegando até a automutilação da zona sexual. Ela tentava arrancar pedaços de pele entre as pernas, até sangrar. Essa prática lhe permitia experimentar uma conexão com o mais-além, sensação sustentada por uma imagem fixada desde a infância e na qual ela se via à beira de uma falésia, prestes a saltar para ser engolida pelo oceano.

Até o encontro muito recente com um parceiro, os homens, para ela, não tinham o menor interesse. Atraída pelo parceiro simplesmente pelo fato de que ele tinha um câncer e estava prestes a morrer, ela, assim, fez amor pela primeira vez com um homem: "Eu lhe devia isso. Quando ele me penetrou, eu senti a morte em mim". Durante o tratamento, ela inicia uma outra relação com um homem quando fica sabendo que ele tem uma amante com aids: "É essa mulher nas sombras que eu procurava", me diz. Foi preciso que eu lhe ameaçasse de interromper a análise, para que ela parasse de ver esse homem, que lhe havia igualmente proposto viver uma agonia comum. Ela havia ficado fascinada pela ideia de que pudesse ter inscrito em seu túmulo o epitáfio: "Aqui jaz a mulher morta por seu fantasma".

Françoise não é, portanto, sem saber, pois ela escreve o axioma de seu gozo mortífero: realizar A mulher como cadáver. Esse saber se constrói sob transferência, quando ela escolhe abandonar o homem da agonia para continuar a análise. Ela me demanda, então, vir ver-me com mais frequência, para substituir aquilo que ela consentiu em abandonar. Neste lugar onde desponta o risco de uma erotomania mortificante, trata-se, não somente que o analista, por seu dizer não ao gozo, coloque a barra do impossível entre sujeito e objeto, mas que ele sustente igualmente o dizer do sujeito, de forma a encontrar um valor novo para o objeto.

Após alguns meses de trabalho analítico, Françoise conseguirá localizar alguns significantes, que determinaram sua posição subjetiva: a lembrança de um pai acusado por um vizinho de um assassinato que não tinha cometido; as longas visitas que ela fazia perto do local do crime, chamado *A casa do machado*;[100] a visão do cadáver de um tio amado, no dia de seu sexto aniversário; a lembrança fixa da placa de seu endereço, *rua do Cemitério*...[101] Toda uma série de fatos que marcaram sua existência sob o selo da morte, mas cuja enunciação, sob transferência, permite negativizar, pelo menos em parte, o excesso de real.

Recuperar-se pela reciclagem

Nesse trabalho de reconstrução dos atributos do objeto, se acrescentará uma invenção de Françoise, destinada a sustentá-la no plano imaginário: "Quando eu estou em uma situação angustiante, se eu sinto o chão faltar sob os meus pés, eu me apego à minha imagem com você na sessão. Isso me dá uma duplicata de mim mesma, que me impede de desaparecer". O problema reaparece também a cada manhã, logo que acaba de acordar, ela vai ao banheiro e é com imenso terror que olha seu espelho, sem se reconhecer. Esse momento muito angustiante é seguido de várias horas de prostração, durante as quais ela deve ficar trancada em seu quarto e, sobretudo, não se aproximar da janela, com medo de que a vejam. É apenas no fim do dia que ela consegue sair, com muita dificuldade, para ir a suas sessões.

Pouco a pouco lhe vem a ideia de que ela poderia tratar esse problema de imagem seguindo o fio de sua vida marcada por descobertas que têm um ponto comum: apoiar-se sobre um uso inédito de objetos reciclados. Ela chama essa prática de "Recuperar-se pela reciclagem". Dessa forma, ela vai aos lixões públicos (nossos lixos urbanos) e cata cacos de vidro que acumula, até o momento em que, a partir desse monte disforme, consegue fabricar, por meio de uma longa e minuciosa colagem, um espelho emoldurado, que coloca em seu banheiro. Desde então, o imenso terror produzido pela visão de sua imagem impossível se atenua consideravelmente.

Com a unidade especular faltando-lhe, Françoise se encontra na situação de ter que construir sua própria imagem. Sua invenção é, aqui, exemplar, a de encontrar um novo uso para aquilo que não tem mais: os dejetos que, contudo, atestam a civilização. Não apenas os dejetos são aqui o índice de que o objeto não é redutível a seu valor de troca, mas eles designam também o lugar onde a unidade se perde no apodrecimento ou estilhaçamento. A boa forma tendo deserdado, resta a acumulação de cacos a partir da qual é possível construir uma nova imagem. Nesse caso, nós temos uma versão em ato da emergência do sujeito como se produzindo a partir do húmus (bem onde não há individualidade); sobras das atividades humanas (restos erráticos das tagarelices das gerações anteriores como objetos), cujo sentido se perdeu nessa própria queda. A unidade não é, portanto, prévia, mas a ser produzida na própria língua, para que o gozo muito materialmente sonoro possa conseguir se contabilizar, quer dizer, se quantificar, para além de sua infinitude. Isso supõe a instauração de um menos no nível da imagem. O corpo – que, inicialmente, se apresentava em peças soltas, fragmentadas – encontrará, então, uma consistência se unificando em torno desses menos. Decorre disso um efeito no real: a partir do instante em que o sujeito se recentra em torno de um objeto, o gozo não está mais em toda parte.

É esse apoio encontrado em um narcisismo elementar, mínimo, a partir da situação transferencial, que permite ao sujeito objetar à reabsorção de seu eu em um buraco negro, sem borda nem fundo. Mas, para fazer passar essa invenção no nível do laço social, Françoise precisará desenvolver uma atividade nova. Assim, ela começa a fabricar o que denomina um *Caderno Borie*,[102] espécie de agenda que ela faz a partir de restos de papel, pedaços perdidos que ela recicla, e na qual preenche as páginas endereçadas ao Outro: "Eu escrevo para fixar as palavras, senão elas se perdem no nevoeiro". Ela constrói igualmente pequenos objetos artísticos, sempre a partir da reciclagem de dejetos, escrevendo um texto sobre essa atividade que ela chama belissimamente de *Desvio do objeto*. Enfim, ela me empresta uma revista de arte na qual se fala de um artista americano, James Turrell, e me indica que "seu trabalho é o mesmo que o [dela], ele faz buracos no espaço para que possamos ver melhor".

Em um outro registro, ela tentará pacificar seu modo de gozo por meio de um uso daquilo que a modernidade coloca à disposição dos seres falantes para dar suporte e limite às particularidades da sexuação deles. Ela procura na internet parceiras femininas, às quais envia esta mensagem: "Procuro a mulher a qualquer preço". Por essa escrita que se repete, ela opera um distanciamento do outro. Isso tem quase valor de sintoma para ela, sustentando sua feminização e evitando o risco do encontro real, e, logo, a possível perda do parceiro, deixando-a, assim, protegida do desencadeamento de uma nova crise mórbida. Como ela é uma criação particular do sujeito, ficaríamos tentados a dizer que essa escrita funciona ao avesso da biblioteca universal de um Borges, na qual, tudo estando já escrito, o sujeito se encontra rejeitado como puro dejeto desse universo sem furo. Françoise procura se integrar em sua criação, ou seja, ocupar um lugar que lhe permita muito simplesmente vislumbrar a possibilidade de uma vida.

Alguns extratos desse tratamento destacam certas questões recorrentes que se colocam na direção do tratamento com sujeitos psicóticos. Como operar uma distância entre sujeito e objeto? Como localizar e estabilizar o gozo em torno de um sintoma que venha fazer suplência à falta do Nome-do-Pai? Mas esse caso nos convida também a considerar um ponto que está mais além. A particularidade de sua posição subjetiva – visando a reduzir radicalmente a função da verdade ao autoinsulto tendo muito pouco recurso ao delírio – cria um obstáculo suplementar ao processo analítico. Isso do que se trata, a partir de então, consiste em tentar obter um tipo de *outrificação* do objeto, ou seja, lhe restituir suas qualidades simbólicas e imaginárias a fim de evitar que o sujeito só se equivalha a sua desqualificação, oferecendo-lhe refúgio da sombra, cuja ausência fazia sofrer tanto um Hölderlin.

Se a ética da análise consiste em lembrar ao sujeito seus deveres em relação ao Outro, isso só pode ser feito na condição de que seja um Outro sem ideal. É somente com essa condição que o sentimento de vida não se equivale mais obrigatoriamente ao impossível de suportar. Não é isso o que Françoise me indica fazendo-me saber que ela prepara uma exposição de seus objetos artísticos reciclados para apoiar uma liga de proteção de golfinhos? "Não podemos de forma alguma deixá-los morrer sem fazer nada", ela pontua.

Tratar o obstáculo sexual

Detenhamo-nos, agora, na solução singular que Françoise encontra para o problema sexual. Algum tempo depois, ela encontra um outro homem, Michel, que, pela primeira vez, não tem nenhum traço ligado à morte. Ele se mostra bem confortável com os estranhos comportamentos de sua companheira e consente em iniciar uma vida conjunta, na qual estão ausentes as relações sexuais. "Ter um companheiro evita que eu caia no vazio", diz muito precisamente Françoise. Entretanto, o gentil Michel não se satisfaz por muito tempo com essa ausência de vida sexual, e coloca Françoise em uma situação delicada. Ela não quer perdê-lo, mas está muito angustiada com a ideia da penetração. Essa dificuldade marca, contudo, uma primeira mudança, pois ela não se precipita mais ao sacrifício.

Apoiando-se sobre a criatividade que sempre teve – desde a infância, ela bricola objetos artisticamente reunidos, a partir de pedaços de coisas resgatadas nos aterros –, ela começa a tratar o obstáculo que encontra na relação sexual em muitos momentos. Primeiramente arranja vários vasos, que ela dispõe em torno de sua cama, como "uma coroa de vazio". Esse dispositivo lhe permite aceitar, sem muita angústia, uma relação com penetração, mas com a condição suplementar de que seu parceiro use uma venda sobre os olhos, a fim de que ele não possa vê-la nua. Essa solução dura apenas algum tempo. Embora acordado, Michel suporta cada vez com mais dificuldade essa coerção. Ela vai, então, inventar uma outra solução, com a ajuda de uma nova bricolagem. Com pedaços de madeira que coleta em um aterro público, constrói uma moldura sobre a qual estende pedaços de tecido que vão lhe servir de suporte para a incrustação de um material inesperado: pedaços de carne crua suficientemente pequenos para penetrar a trama do tecido. Esse estranho objeto assim criado torna-se um quadro que ela pendura acima de sua cama, fazendo um recorte sobre a parede daquilo que ela chama de um "espaço concedido". Permitindo a Françoise suportar o olhar do parceiro assim como a penetração, essa invenção lhe abre o acesso a relações sexuais de aparência normal. Essa experiência não tem, com efeito, nada a ver com o gozo falicizado, tal como este se encontra na neurose. Françoise oscila aqui entre uma indiferença certeira e um questionamento tingido de inquietude quanto à sensação que ela experimenta às vezes de estar "muito perfeitamente encaixada" com Michel, sob o risco de se perder aí, como no oceano de suas lembranças de infância.

     Que aprendizado tirar dessa versão original do sexual? A ausência da dimensão fálica coloca em conexão direta o sexual e a morte, como sacrifício ao gozo ilimitado do Outro. O objetivo do tratamento é o tratamento desse gozo não interpretável, pela introdução do desejo do analista, na medida em que este introduz uma dimensão do amor como laço com o outro fundado sobre uma falta. Pela sua presença ativa, o analista sustenta essa *dit-mension*[103] do amor escavando um vazio na língua para se opor à significação absoluta da morte, e dar, ao mesmo tempo, todo o seu valor aos pedaços, restos, dejetos: todas essas pequenas coisas com as quais o sujeito tece sua existência. Essa posição tem, como efeito, não fixar a morte como injunção absoluta, mas, ao contrário, por um processo de metonímia, permitir que se construa uma borda, um limite a partir do objeto. É com essa condição que o sujeito pode consentir com uma concessão de gozo, em um outro registro além daquele do desejo neurótico ligado ao falo. Tomemos aqui a medida do risco que haveria em regular nossa intervenção a partir da consideração da contratransferência, ou bem em nos referir unicamente ao quadro da experiência: esses preconceitos fariam precisamente obstáculo à invenção do sujeito. Pelo contrário, nossa disposição à surpresa abre um espaço onde podem se desenvolver – mas também se colocar em série, fazer uma triagem e editar – as descobertas do sujeito. Para Françoise, que já frequentou muito a psiquiatria, a diferença com a experiência da análise formula-se assim: "Você não me diz o que eu devo fazer e, contudo, eu me sinto orientada".

À procura de um vazio onde abrigar seu excesso

A capacidade criadora do sujeito psicótico – sobre a qual se fundamenta o tratamento – supõe a busca de um menos onde alojar o excesso de ser. Como Françoise o diz de maneira tão justa: "Eu tenho matéria demais no meu corpo". Ela encontra, assim, no vaso – objeto paradigmático da criação humana –, seu primeiro modo de inscrição de um vazio. Fazendo borda à cama, o vaso permite que o órgão do parceiro não seja sentido como uma efração portadora de morte. A falta que ele introduz desconecta o gozo do órgão e da morte.

Mas essa operação não é suficiente, pois o olhar, situado no campo do Outro, permanece excessivo, e o véu colocado sobre os olhos do parceiro não é mais uma solução sustentável. Trata-se então de extrair esse objeto mau – cuja presença está correlacionada ao apelo ao sacrifício – do campo da cena sexual. É graças ao artifício do quadro feito de objetos reciclados, e ao encaixe da carne crua na trama da superfície do tecido, que a pacificação da relação sexual é finalmente obtida. O sexo, contudo, não ocupa de forma alguma seus pensamentos; ela consente com ele para que seu parceiro queira continuar a acompanhá-la na vida. Quando a significação fálica falha, é necessário achar uma suplência para aquilo que não há, para que o corpo se preste ao sexual. Assim é conveniente, primeiramente, criar um vazio, para que, em seguida, uma extração seja possível. O quadro vem cumprir essa função, localizando no exterior do corpo alguma coisa de carne entranhada na própria superfície da tela. Trata-se aí, de alguma maneira, de uma transferência material, uma transferência real, respondendo ao sofrimento que ela frequentemente formulava assim: "Eu tenho matéria demais em meu corpo". Com efeito, o psicótico experimenta, em seu corpo, um sofrimento que não foi extraído pelo significante; o significante não mortificou o corpo nem isolou o gozo sobre as bordas dos orifícios; resulta que o próprio corpo seja vivido como excessivamente vivo, excessivamente real.

Essa montagem barroca – na qual está presente o objeto pequeno *a* que fura a imagem – lhe permite suportar a relação sexual, sem prazer, por certo, mas principalmente sem horror, como era o caso anteriormente; ela permite a esse casal tê-la, ao menos.

Durante um primeiro período, que durou aproximadamente quatro anos, essa jovem vinha me ver pelo menos três vezes por semana, a fim de atenuar um pouco a morte que lhe assaltava quotidianamente. Essa foi a condição necessária para que alguma coisa se enodasse *a minima*. A partir do momento em que ela pôde construir as bricolagens que mencionamos acima, nossos encontros se espaçaram e ela passou a vir de maneira esporádica. Era ela quem decidia quando desejava me encontrar, fazendo um uso assaz especial de suas sessões. Ela chegava, deitava no divã – coisa que jamais eu lhe propus – e permanecia por alguns segundos, talvez alguns minutos, sem dizer nada, depois partia, dizendo-me simplesmente: "Adeus, obrigada." Eu me prestei a essas estranhas idas e vindas sem dizer uma palavra. Às vezes ela dizia alguma coisa, mas o mais frequente era não dizer nada.

O psicanalista é aquele que é capaz de se prestar a isso, de acolher o sujeito como ele se apresenta. Nisso, ele é antes de tudo um servidor da psicanálise como experiência subjetiva singular, imprevisível: aqui, o sujeito dá uma volta sem ter nada a dizer, e não se trata de acrescentar alguma coisa, mas de preferência de lhe permitir simplesmente vir verificar que há um ponto em que se pode dar meia volta e retornar. É algo equivalente ao circuito da pulsão: silenciosa, a pulsão cria um espaço onde se pode falar, mas onde se pode também calar; é um habitat no qual se pode alojar seu ser, ao invés de vivê-lo como um corpo estrangeiro que te expulsa de você mesmo. Nesse silêncio, se produz uma satisfação da palavra reservada, colocada em reserva da presença do outro. O psicanalista tem de se prestar ao uso singular que pode ali fazer um sujeito para encontrar um tratamento, uma saída do seu modo de gozo mortífero.

Nossos encontros se espaçaram, ela vinha me ver de mês em mês e, depois, não mais. Após dois anos de ausência, recebi uma carta sua, acompanhada de uma foto, na qual me explicava sua última invenção. Ela conseguiu construir um aparelho que chamou de *A árvore de esconderijos*: um tipo de árvore criada a partir de diversos materiais de reciclagem que continha abrigos em seu interior, cantinhos onde se esconder... Ela conseguiu vendê-la a escolas maternais, para que as crianças a usassem tanto para brincar quanto como um espaço de relaxamento. A foto mostrava crianças de escola maternal, brincando em sua árvore. Compreendi então que ela não tinha mais necessidade de se encontrar com um analista para dar prosseguimento a um trabalho tão surpreendente. A inventividade da qual esse sujeito nunca deixou de dar provas, tem a ver com o tratamento do laço com o corpo, mas também do laço com o Outro. É o tratamento do um (o corpo) que permitiu uma nova relação com o Outro, sob uma modalidade mais civilizada. Dois anos mais se passaram sem notícias, até que recebi um cartão de participação, anunciando seu casamento com o rapaz em questão, Michel. Algum tempo depois, recebi um outro cartão de participação, anunciando um nascimento, acompanhado de uma nota: "Acabei de ter meu primeiro filho, sou a mais feliz das mulheres...". Ao lado de sua assinatura, abaixo, ela havia acrescentado "por enquanto". Ela mesma sabe a pertinência, como os limites, de sua solução.

CAPÍTULO 7
DO MACHADO AO LÁPIS

Muito antes dos analistas, os escritores testemunharam o poder fascinante da imagem e de seu parentesco com as experiências limítrofes da loucura. Pensemos em *O homem da areia*, de Hoffmann, ou *O Horla*, de Maupassant, que, entre outros, valorizaram a dimensão devastadora da imagem quando ela perde seu caráter puramente imaginário para infligir ao sujeito o seu excesso de real.

O furo no espelho

A partir do momento em que não há mais nenhuma Castafiore para rir de se ver tão bela neste espelho, tentamos mostrar a aposta estrutural. Para isso, nos apoiaremos sobre o ensino que pudemos extrair do tratamento de um paciente psicótico. Trata-se de um caso que coloca especialmente em evidência a problemática da construção da imagem do corpo na psicose. Assim, parece oportuno retornar, preliminarmente, à experiência inaugural e estrutural que consiste o estádio do espelho, que Lacan descreve como "formador da função do Eu".[104] Nessa experiência, que coloca diante do espelho a criança no colo de sua mãe, acontece alguma coisa de fundamental e determinante para a existência do sujeito. Trata-se de uma experiência cuja finalidade é a constituição da imagem especular na qual a criança experimenta uma discordância propriamente humana, pois é levada a encontrar um outro dela mesma.

Se não é sem júbilo que ela reconhece sua própria imagem no espelho, ela deve, no entanto, se virar para interrogar junto ao Outro alguma coisa que falta nessa imagem e da qual ela quer se assegurar, que é o fato de que a língua habita a mãe, e que há a necessidade de se inscrever sob o significante do Outro: "Está vendo como você se parece com seu avô!". Mas, ainda nesse caso, esse abrigo recebido do simbólico deixa aparecer uma insatisfação: "Você me diz isso, mas, mas no intervalo de seu dizer, o que eu sou verdadeiramente para você?", pergunta-se a criança. E é nessa falha mesma da língua que o sujeito procura encontrar aquilo que poderia dar consistência a seu ser. Resta-lhe, então, o olhar do Outro: olhar tomado como objeto no qual seu pouco de ser pode se refugiar. Mas isso é apenas uma faísca em sua própria evanescência: o testemunho de um encontro real, mas no instante de seu evanescimento. Assim o sujeito se encontra, experimentando-se como objeto no olhar do Outro, a fundar seu ser, não sobre algo estável, mas sobre uma perda, uma falta. É aí que vem se alojar a libido não fixada na imagem. Nisso, a experiência do espelho é fundadora da relação do sujeito com o objeto.

O objeto que se troca – entre a mãe e a criança, diante do espelho – não é nada, mas quase nada. E esse quase nada vai constituir a matriz da relação do sujeito com o objeto, quer dizer, sua inscrição no fantasma. Esse momento eletivo da constituição da fantasia necessita a metamorfose do objeto em significante. O significante vem assim ocupar o lugar daquilo que falta na imagem que reenvia o espelho. E essa falta é bem o que estrutura, ordena e dá um sentido à imagem.

Esse buraco no espelho tem, portanto, um valor paradoxal: ao mesmo tempo em que marca a discordância que afeta o sujeito em cada registro RSI (real, simbólico e imaginário), designa a necessidade de um enodamento dessas três dimensões. Cabe ao sujeito realizar esse enodamento a partir do ponto de impossibilidade, para ele, de ser tudo. Daí o interesse em reportar o estágio do espelho à topologia do nó borromeano, na medida que ele mostra que o laço entre os registros se efetua a partir do furo de cada um. Na psicose, o espelho do Outro, por ser furado, falha. Dito de outra maneira, o que falta é a falta. Isso tem por incidência, sobre o plano imaginário, a imagem do corpo, que, por não conseguir se unificar, permanece despedaçada. É nesse ponto estrutural que devem ser reportados os fenômenos tais como a tentação da passagem ao ato para destruir o outro excessivo, ou, ainda, essa mostração da beleza que algumas crianças autistas encarnam, quando a imagem delas realiza o fantasma de uma mãe não afetada pela castração. Sobre o plano simbólico, a palavra do Outro, longe de descolar o pequeno sujeito da sua captura na imagem, fazendo traço de identificação, reduz seu ser ao "você é isso" que encarna o supereu psicótico, impedindo que emerja qualquer questão sobre o desejo do Outro. Enfim, sobre o plano do real, o gozo do sujeito não é o que se entrevê na troca de um olhar, mas a fixação de seu corpo a um sozinho, a um gozo de ser, quando, por exemplo, seu olho vem se colar ao espelho sem que nenhum corte possa dialetizar sua posição.

O horror ao duplo

Vejamos o caso do sr. F. Que se trata de um adulto, indica bem que a questão do espelho não deve ser pensada como um momento histórico franqueado de uma vez por todas na pequena infância, mas sobretudo como um momento de *insight* ao qual podemos ser confrontados a cada novo encontro. É um momento lógico mais que cronológico, em que, de alguma forma, o sujeito deve refazer o percurso enodando os registros de sua constituição a partir de uma falta percebida no Outro. Que se trata igualmente de um sujeito psicótico em tratamento nos levará a nos interrogar sobre a posição do analista na transferência, ou seja, sobre a maneira pela qual ele pode sustentar essa função de espelho furado que justamente não foi encontrada pelo psicótico.

A vida do sr. F., de quarenta anos, é marcada pela certeza de que foi morto em sua infância. Dessa certeza, ele deduz a necessidade na qual se encontra, por sua vez, de ter de matar. Ele se endereça, então, ao analista, para temperar o que ele chama de seu "impulso obrigatório", pois percebe totalmente o perigo: "Tudo isso vem de meu pai. É o autor do assassinato original. Desde então, com ele, eu vi o horror do duplo. Eu só consigo falar com ele se sua poltrona está vazia, ou quando o pai que eu tenho em mim, o urso que me come o cérebro, se sobrepõe ao pai concreto que tenho diante de mim, e é aí que eu posso matar".

Também, quando às vezes a tensão se torna excessiva, ele parte sozinho para a floresta. E lá, munido de um machado, ele mimetiza a cena do sacrifício final, na esperança de que ela o livre da onipresença desse duplo infernal. Desse inferno ele pôde igualmente tentar se libertar passando literalmente através de vidraças. Isso resultou em uma fratura quádrupla do braço e uma dupla fratura do joelho, mas também na obtenção de uma pacificação durante algumas horas. Depois de ter atravessado o espelho, ele pôde, com efeito, segundo seu dizer, "sentir finalmente meu corpo". Essa travessia selvagem para obter uma consistência, veio no lugar da falta de investimento da libido na imagem do corpo, que permite, normalmente, a relação com a imagem especular.

Mas, para o sr. F., a imagem pode também, ao contrário, tomar uma consistência de "granito" quando, por exemplo, chegando ao consultório do analista, ele escuta na rua a voz do comando materno lhe dizendo: "Seja um religioso de pura casula". Não lhe resta, então, como defesa contra essa vestimenta imperativa, nada além de rolar literalmente na lama para sujar a imagem que o Outro gozador lhe impõe. Na própria sessão, as oscilações entre a inconsistência do corpo e a vestimenta por um supereu mortífero o obrigam a se deslocar fisicamente. Ele deve, por exemplo, se levantar do divã quando a posição deitada o faz se ver como múmia enrolada em bandagens, ou então se deitar no chão para sentir os limites de seu corpo quando uma vivência corporal muito dissociada lhe torna a palavra impossível.

Enfim, e talvez principalmente, ele se sente com muita frequência confrontado com essa injunção parental repetida desde a infância: "Olhe o que você está olhando". Essa frase o angustia particularmente, pois, como ele diz: "Eu não sei mais onde me esconder, então eu entro em pânico". Essa cena me parece paradigmática do estádio do espelho enquanto inacessível, na medida em que a fala do Outro torna aqui impossível a dissociação do campo do olhar com o da visão.[105] Nada pode se elidir nesse enunciado que se equivale a sua enunciação, nenhuma distância pode se formar, de onde fazer enigma esquivando-se do olhar do Outro.

Vemos aqui como – *a contrario* do que se passa quando o espelho está furado – o campo especular pode se construir no laço, não com o Outro da fala e da linguagem, mas com a pulsão, nesse caso, a pulsão escópica. Um furo na imagem corresponde, então, a um furo corporal de onde o objeto caído do espelho vem concentrar um resto de libido. Quando a situação ligada a essa palavra fora do sentido – "Olhe o que você está olhando" – se torna muito insustentável, o sr. F. parte para longe, para aquilo que designa como sendo seu "Eu fujo, logo, eu sou".

Entre suas errâncias, há uma que o leva a Amsterdam, sobre a qual ele me traz o seguinte relato: "Eu passei os dois mais belos dias de minha vida em companhia de uma prostituta alemã. Falamos de nossas vidas, éramos parecidos, ambos rejeitados pela sociedade e, ao mesmo tempo, condenados a servir aos outros". Mas, ao fim dessas duas noites de exaltação, sem que tivesse havido, contudo, a mínima relação sexual, essa identificação ao dejeto que ele encontrou se transforma em uma brutal escalada de violência. Ele deve, então, fugir novamente para não ter que agredir sua parceira. No espelho a que esta última lhe remetia, ele identificou menos um semelhante no qual se reconhecer, do que um ser tão próximo que nada podia separar, a não ser o cortante do ato destruidor. O parceiro é aqui reduzido ao próximo que encarna a iminência mortal da coisa aquém de qualquer identificação pacificadora.

Compreendemos que uma tal relação com a imagem possa levar o sr. F. a encontrar sua salvação apenas na errância. E é somente no quadro do tratamento que ele pode tentar construir um espaço humanizado, quer dizer, um local onde alojar um gozo que não esteja por todo lado. Assim, é em relação à simetria do espelho que ele tenta uma primeira localização de gozo, quando formula: "Eu pensei no peito de minha mãe, seus seios nus sem aréola. É um peito liso, sobre o qual não há nada para pegar. É esse meu sofrimento, a lembrança da minha mãe que não tem mamadeira para me dar, ou que me deixa sozinho com a chupeta. Mas dessa vez, em vez de morder os dentes de raiva, eu vi aparecer sobre meu peito uma mancha negra". Essa mancha negra o ocupará por algum tempo, durante o qual ficará melhor. Sem dúvida, a exemplo de um Schreber, ele encontra aí ao mesmo tempo a imagem de uma feminização de seu corpo e uma maneira de fazer suplência pontualmente ao trauma original do psicótico: ter encontrado um outro materno não tendo um objeto corporal para ceder.

Uma imagem reconstituída

Ao final de dois anos de análise, o sr. F pode afirmar que o tratamento lhe serviu, antes de tudo, para "impedir as imagens de se colarem umas sobre as outras". Assim, ele se surpreende com o jeito como evolui um sonho que ele tem de maneira repetitiva. Até então, era um sonho no qual ele se via a si mesmo disputando uma partida de tênis com seu pai. Enquanto este último o vencia inevitavelmente por um 6-0, 6-0, acompanhado de um comentário desagradável de sua mãe, de origem alemã, endereçado a ele: "Você não passa de um covarde. Olhe Boris Becker, ele sim é um homem!", ele sonhou recentemente que ganhara de 6-4, 6-4. Observa então muito justamente que o importante é o caráter moderado do resultado.

Da mesma forma, a fascinação experimentada pela cena de duelo de faca em *West Side Story*, filme que viu dezenas de vezes, se desvanece. É o que ele chama de "a faca erguida na tela". Ele pode, a partir de então, ver o filme de maneira mais apaziguada. Enfim, sua relação com a escrita evoluiu. Antes era impossível para ele ler um livro devido ao fato de ver o título se destacar da capa e entrar em seu cérebro, o que o levou a queimar com um maçarico alguns desses títulos, que o visavam demais. Era um drama especialmente intenso para ele, que, antes de seu desencadeamento, exercia a função de bibliotecário. "Agora", afirma ele, "consigo ler e escrever, pois eu sinto que o machado (aquele que devia resolver o inferno do duplo) pode se transformar em lápis". O texto e a imagem encontram, então, um enquadre (as páginas, a tela), e sua consistência um laço com o semblante. Esse momento de constituição de uma imagem como não-toda corresponde topologicamente ao lugar central, ao mesmo tempo vazio e enquadrado, onde se situa o objeto *a* no nó borromeano.

Como conclusão, citamos essa frase do sr. F., que, embora não conhecendo nada da literatura analítica, é um teórico bem rigoroso: "Quando eu venho até aqui, é como se eu fosse a uma casa vazia. É isso que me faz dispensar o impulso ao fantasma".

CAPÍTULO 8
ARMISTÍCIO

Os fenômenos passionais são de uma presença tal, na psicose, que foram observados há muito tempo pelos psiquiatras, a ponto de um Clérambault ter podido fazer da erotomania o critério distintivo que funda sua categorização das psicoses passionais.[106] A título de um exemplo paradigmático, o relato que nos dá o Presidente Schreber em suas *Memórias de um neuropata*, concernente às diferentes fases de seu delírio, permite perceber as diferentes modalidades pelas quais seu ser passivo pôde ser gozado por Deus. Da erotomania mortificante à erotomania divina, podemos assim seguir as etapas sucessivas que um sujeito atravessa em busca de uma estabilização humanamente suportável de sua relação com o Outro. De toda forma, no relato extremamente preciso que Schreber apresenta a propósito do domínio que o Outro exerce sobre seu corpo, é difícil encontrar o menor traço de amor. A própria escrita, ainda que intrinsecamente ligada ao discurso amoroso, não tem de maneira alguma por função explorar a complexidade do amor, nem testemunhar sua impossibilidade. Ao contrário, a escrita é, aqui, um meio de realizar o impossível – a realização da relação sexual –, fazendo ofício de fixação para conter a dispersão à qual o sujeito está preso em seu delírio, e que constitui todo o seu sofrimento.

Outro exemplo eminente é o de Aimée, a paciente tão bem nomeada de Lacan, que descreve, em seu romance (não publicado) *O destruidor*, que ela dedica ao Príncipe de Gales, as trágicas aventuras de sua heroína epônima que terminam em catástrofe na imagem da criança morta caída por terra, e que são pontuadas somente por uma estranha encarnação amorosa: "Negra visão, como te amamos!"[107]

Entre mania de gozo e amor morto, a paixão em jogo na psicose testemunha de preferência, como diz Lacan em sua conferência na Universidade de Yale, em 1975,[108] uma "falência do amor", falta da falta que lhe daria o espaço de seu desenvolvimento. Se nos colocarmos no momento presente do ponto de vista do tratamento possível das psicoses, podemos observar que essa dimensão erotomaníaca é uma aposta crucial no manejo da transferência, pois ela ameaça, a cada instante, transformar o tratamento em uma prova de gozo, em vez de mantê-lo como um dispositivo a serviço do tratamento deste último. Em relação a esse risco deve-se evocar a metáfora do incêndio que surge durante uma apresentação teatral, e que Freud utiliza em seu artigo de 1915 intitulado "Observação sobre o amor de transferência",[109] para descrever as chamas da transferência como "acontecimento real", e da qual conviria extrair a dimensão da verdade. Nesse ponto, o analista se dá o dever ético de "não recuar diante da psicose",[110] como nos convida Lacan, contrariamente aos colegas da IPA, que têm muito frequentemente tendência em promover a categoria de inanalisável, sob pretexto de uma suposta recusa do enquadre e do contrato. Não se trata, entretanto, de fazer prova de heroísmo terapêutico, mas de extrair as consequências das particularidades da transferência psicótica. Isso requer um certo tato em seu manejo, a fim de conter a tendência mortificante da erotomania, sem abandonar o sujeito ao seu desleixo.

Ser o único para o Outro

Para ilustrar nosso propósito, tomemos uma primeira vinheta clínica extraída do tratamento de Jérôme, que veio me ver para tentar escapar do destino de ser crucificado que Deus lhe teria designado. Se os primeiros tempos de análise se passaram sem grandes dificuldades, Jérôme não tarda a adotar uma posição singular vindo me procurar em horários imprevistos, a qualquer hora do dia, mesmo à noite. Meus convites, inicialmente discretos, para se ater aos horários propostos, foram de pouco efeito. As inquietudes mal disfarçadas dos vizinhos diante da presença cada vez mais invasiva desse estranho personagem – chegando até a me esperar dormindo na escada durante minhas ausências – me obrigaram a adotar uma atitude claramente mais firme, mas que foi, ainda bem, pouco entendida. O que será que compelia Jérôme a vir me procurar com uma tal constância e tal insistência? Ele me dirá simplesmente que tem convicção de ser meu único paciente, e que tem certeza de que eu vivo apenas na espera de sua visita. Mesmo a presença de outras pessoas encontradas na sala de espera não o fazia vacilar, pois só poderia se tratar, a seu ver, de membros de minha família, e não outros pacientes como ele. Ele era o único, o eleito. Eu sempre me lembrarei de seu olhar tão incrédulo quanto desiludido, quando eu tive que o dissuadir, com firmeza, de se acreditar o único eleito de meu pensamento, como de meu tempo.

Essa certeza de Jérôme – segundo a qual o Outro apenas se interessa por ele – corresponde a um traço típico da erotomania. A paixão aqui em jogo se apoia sobre o postulado, para o sujeito, de ser amado pelo Outro, o que não é de forma alguma a mesma coisa que a crença do sujeito neurótico. Trata-se de uma certeza que dá testemunho de um sentido já dado, prévio ao encontro, e não uma interrogação sobre os sinais do desejo do Outro, como é corrente se constatar na neurose. Aqui, não há lugar para a dúvida. A paixão psicótica é lógica, e não psicológica, ela não explora os labirintos do amor, em uma estratégia de encontrar novas forças nos tormentos da alma, tampouco se nutre das delícias tortuosas da intersubjetividade.

Manejar o amor não dialetizável

Quando a transferência se apresenta sob o modo erotomaníaco, o paciente adota a posição do ser amado, o *eromenos*,[111] sem atribuir ao parceiro qualquer escolha. A metáfora do amor – que supõe a substituição do amante ao amado (para amar, é preciso consentir em ser amado) – não opera aqui, pois o sujeito não pode se orientar sobre a falta do Outro e o significante que o representa.[112] Assim sendo, o sujeito psicótico tem apenas uma pequena margem de manobra, na medida em que não experimenta nenhuma necessidade de revestir a demanda de amor com traços supostamente amados pelo Outro; isso se apresenta a ele sob o modo da exigência. Uma vez que o falo não vem designar essa falta, o real da presença do sujeito deve responder a isso, aquém de qualquer elaboração de saber sobre o amor. Como o neurótico sofre da disjunção entre saber e objeto, é nesse ponto que se aloja o amor da fala para fazer, desse desacordo, o gozo próprio ao humano, em geral, e ao analisante, em particular. Em outros termos, o amor tem por função, na maior parte dos casos, vir fazer suplência à falha da relação sexual. Esta é uma contribuição de Lacan que situa um real no nível da diferença dos sexos; real que tem por incidência o fato de que, no inconsciente, homem e mulher não fazem relação, quer dizer, não fazem um. Concebemos que, para o psicótico – que se dedica, ao contrário, à realização desse impossível –, o estatuto do amor seja problemático.

No plano da sexuação, a erotomania empurra o sujeito na direção de uma feminização, uma vez que ele se apresenta como um ser passivo que deve servir à vontade de um Outro sem o indicador fálico de seu desejo. É isso que Lacan designa com o termo "empuxo-à-mulher", próprio à psicose, que deve ser distinguido da homossexualidade, que implica, como Freud nos ensinou, a escolha do objeto por parte do sujeito. Aqui, o sujeito não pode fazer grande coisa, visto que está submetido à vontade de gozo exclusiva do Outro. Essa escolha pelo objeto – acompanhada de seu indício de certeza –, que caracteriza a paixão do psicótico, pode se enunciar da seguinte maneira: o Outro me ama, logo eu sou uma mulher. Essa posição deve ser situada ao avesso daquela do neurótico, que pode se formular como: eu amo o Outro, pois eu suponho que ele detém o significante de A mulher.

O que falha no psicótico em sua relação com o Outro é a suposição de saber (eu o amo, pois suponho que ele detém um saber sobre o que faz de mim um ser amável), na medida em que ela constitui para o sujeito seu espaço de defesa, separando-o de seu ser. O fato de supor um saber ao Outro é o que dá à relação transferencial com o neurótico um aspecto de intriga e de mexerico, na qual pode-se experimentar a covardia que permite o fantasma. Observemos, entretanto, que a erotomania é também uma tentativa de cura, no sentido de que, ao situar a causa no Outro, ela permite operar uma certa separação entre o sujeito e o gozo. Mas esse gozo apenas se extrai na aparência, pois ele faz também retorno sobre o sujeito, por não poder genuinamente se inscrever na dimensão do semblante. A devastação pode, então, ser radical, pois a lógica dessa operação é visar o sujeito no seu ser de carne, e realizar, até o extremo, o postulado do sacrifício. Aqui, encontramos a Aimée da tese de Lacan, que, debatendo-se entre sua própria morte e a morte daquele que ela pôs no mundo, não tem outra saída a não ser a de golpear uma figura elevada do Outro para que cesse esse terrível dilema e que ela encontre, consequentemente, um certo apaziguamento. A tentativa de separação do sujeito com sua causa é, portanto, precária, e mesmo vã, por não estar correlacionada à castração. Assim, o sujeito é sempre chamado a realizar o sacrifício que lhe fará reencontrar sua causa no real, de maneira radical.

Daí uma questão fundamental: a erotomania pode achar uma outra saída que não seja a passagem ao ato sacrificial? Observemos, primeiramente, que o uso em francês da raiz éros é fonte de confusão, pois ela subsume duas noções diferentes: há, por um lado, a vertente do amor, sobre a qual se desenvolvem os meandros da significação ligada à falta, e, por outro lado, a vertente do gozo sobre o qual o sujeito tende a se realizar mais-além do limite do bem e mais-além do princípio de prazer. Se o gozo do psicótico se atém sobretudo a essa segunda vertente, para concretizar o que nós somos tentados a designar pelo neologismo *erótico-mania*, não podemos considerar que o platonismo de certas formas de erotomania pode se ligar à primeira vertente do éros, e opor-se à inclinação sacrificial do psicótico? Assim, no caso Aimée, a relação epistolar que ela tem com o Príncipe de Gales a coloca, pelo menos por algum tempo, protegida da passagem ao ato.

Organizando de maneira totalmente refinada a inacessibilidade do objeto de amor, o amor cortês se revela uma modalidade histórica de distanciamento do gozo. Entretanto, não se deve esquecer que essa posição faz do cavalheiro servindo à dama uma criatura tratada cada vez mais cruelmente, a quem não se cessa de exigir sempre mais sinais de sua devoção. Avalisando essa versão, o analista não correria o risco de sustentar uma espécie de amor maníaco ainda mais devastador que o significante, fazendo-se de suporte do comando, reduzindo-se a seu corte mortal, pura emanação do supereu, sem disjunção entre a voz e o sentido? Essa figura do Outro pode, então, ser particularmente inumana, reduzida ao imperativo puro, sem apoio da identificação com o semelhante. A inclinação ao sacrifício, ainda que ela possa ser freada por um ponto de impossível, corre o risco então de reaparecer diante da exigência de uma produção significante sempre mais feroz. Não é nesse ponto que o amor, visando o ser sem alcançá-lo, pode virar aquilo que Lacan designa pelo termo de *amódio* [*hainamoration*],[113] em que ódio e amor se encontram para se unir em uma união mortífera.

Acabou a guerra

Retomemos o caso de Jérôme. Paralelamente à transferência erotomaníaca que ele desenvolve no tratamento, seu delírio o confronta, no cotidiano, com a perseguição. Um dia, eu o encontro novamente deitado diante de minha porta, chorando. Quando o recebo, ele me diz que está a ponto de matar seu pai. Felizmente, seu desvio para me falar disso interrompe o processo. Entretanto, a situação permanece crítica para Jérôme, que se encontra preso entre estas diferentes figuras ferozes do pai e seu laço com o analista, incessantemente levado à inclinação erotomaníaca por sua certeza de que eu vivia apenas para ele. Também o momento em que tive que me ausentar devido às férias me pareceu especialmente crucial. Jérôme estava, de fato, persuadido de que eu iria levá-lo comigo, e diante de seu sofrimento quando tive que o decepcionar, tive a ideia de lhe dar um número de telefone, pelo qual poderia me encontrar, e propus que me escrevesse para pontuar e amortizar o peso de minha ausência. É assim que ele me reportará, no meu retorno, que ficou um mês fazendo múltiplas tentativas para me escrever, mas que seu braço ficou paralisado pelo que denominou os "deveres de férias" que eu lhe havia imposto. Diante desse impasse, ele finalmente me telefona para uma curta e quase banal conversa que, como me disse mais tarde, foi, entretanto, uma virada para ele: "Só de ter ouvido sua voz, foi o fim da guerra; eu encontrei o apaziguamento". Esse "fim da guerra" visava a sua própria luta contra as vozes obscenas que o atormentavam, e deve-se notar que foi na proteção de uma outra voz que ele pôde assinar esse armistício. Essa outra voz não é uma voz mais grossa que faria um contrapeso rivalizando na potência, mas um habitat onde se abrigar em um objeto justamente esvaziado desse excesso pleno de gozo.

Como explicar a eficácia desse episódio que coloca em jogo a voz do analista ao telefone? Produziu-se um efeito radical, ao passo que as minhas diferentes intervenções para me opor ao gozo que ele me propunha não tiveram, nada além de efeitos momentâneos? Parece-me que a resposta deve ser situada do lado do estatuto do objeto na psicose. Lacan nos indica que, contrariamente ao neurótico para o qual o objeto está fundamentalmente perdido, o psicótico tem seu objeto em seu bolso.[114] De fato, este último se encontra preso na alienação com o Outro, sem a dimensão da falta que lhe permitiria negativar o gozo. O sujeito se encontra entregue ao imperativo que implica a coalescência da voz e do significante mestre no lugar do Outro. O sentido não mais se constitui em sua heterogeneidade com o objeto perdido. O significante e o gozo estão correlacionados e funcionam em massa, e o Outro não é mais um espaço de defesa contra o gozo. A consequência disso é que, no lugar em que o Outro falta em ser um significante sobre o qual o sujeito poderia regular seu desejo, ele se torna uma instância obstruída por um objeto em excesso, que o sujeito só pode ultrapassar na passagem ao ato. Assim, o que nos ensina Jérôme, quando diz encontrar seu abrigo na voz do analista, é que ele encontrou um modo de fazer para separar o Outro do objeto *a* e fundar assim uma alteridade para si mesmo. A partir de então, o Outro não está mais do lado da perseguição nem da erotomania.

Lembremo-nos, aliás, a indicação de Lacan em sua "Apresentação das *Memórias de um doente dos nervos*", quando alerta contra o risco, para todo clínico, de ser identificado, pelo paranoico, no lugar que ocupa Flechsig para Schreber, isto é, o da erotomania mortificante, e ele acrescenta que a "a gigantesca imagem mural de um cérebro",[115] que decorava o consultório do dito Flechsig, não estava ali por acaso; onde eu entenderia, de minha parte, a conjunção do significante do ideal e do objeto.

Para Jérome, ao contrário, esse episódio da voz que coloca fim à guerra não indica somente a constituição de uma defesa contra as perseguições, mas também é o índice de uma redução radical da dimensão passional, e mesmo sacrificial, da transferência. Desde então, ele vem apenas às sessões marcadas e, sobretudo, me deu um novo nome: "Você é como um tio", me diz ele. Esse tio constitui o lugar do endereçamento com distância das recriminações da voz paterna. "Eu tenho a impressão de que a sua poltrona está vazia, mesmo quando você está nela. Isso me tranquiliza", acrescenta ele, apontando, assim, a instauração na transferência da operabilidade da função simbólica.

A espiral infernal do processo erotomaníaco, tal como Clérambault a descreveu com suas diferentes fases – esperança, decepção e rancor –, está assim em oposição pela retificação do Outro, que enfim se torna habitável de maneira estável, em oposição à oscilação prévia do sujeito, entre tudo dever ao Outro ou ser rejeitado.

Para concluir, reunamos alguns aspectos da questão do manejo da inclinação erotomaníaca da transferência psicótica.

Inicialmente, o "dizer que não" ao gozo que o analista deve sustentar, não poderia se reduzir a um "dizer não". Esse pequeno "que" a mais é o operador que deve permitir a disjunção entre a enunciação e o enunciado, elevando o impossível à sua função universal de fundamento do laço social ao qual tanto o analista, como também o analisante, estão submetidos, evitando assim que o enunciado desse limite possa funcionar como nova injunção do Outro. Isso nos mostra que, na falta do falo para negativar os enunciados, apenas a enunciação pode garantir que *dizer* e *ditos* não se sobreponham.

A segunda modalidade – pela qual o analista deve demonstrar que sua prática é de fato um tratamento do gozo – está ligada à heterogeneidade do significante e do objeto: fazer de modo que a voz não recubra a significação tem uma chance de oferecer, ao sujeito psicótico, um abrigo contra os tormentos do muito pleno do Outro. Aliás, não devemos lembrar que Aimée indica a Lacan que ela só pode lhe falar se ele não a olhar? Um objeto deve faltar no campo do Outro para que a palavra seja possível. O tratamento de Jérôme ilustra o que pode se obter barrando a erotomania por um manejo da transferência nos diversos registros do sujeito. No plano imaginário, primeiramente, Jérôme encontra no analista não mais aquele que só se preocupa com ele, mas uma espécie de tio: figura pacificada do companheiro, ao mesmo tempo disponível e dessexualizada. No plano simbólico, em seguida, Jérôme encontra no analista o abrigo do vazio de sua poltrona, onde presença e ferocidade não se sobrepõem. No plano do real, enfim, Jérôme pode se apoiar sobre a voz como objeto, marcado pela castração, heterogêneo do império da significação. É o ato do analista que enoda esses diversos registros do sujeito, operando de modo inverso ao tratamento do neurótico. Onde este último se apoia sobre o amor para procurar o que lhe falta no saber, o psicótico constitui, ao contrário, sua paixão a partir da certeza que atribui ao Outro. Dessa forma, o parceiro dessa certeza só pode fazer objeção a isso dando o que não tem, ou seja, seu amor. O amor – paradoxo aparente do tratamento do psicótico – deve, então, estar do lado do analista, com a condição de que ele se enderece, não à significação, mas ao semblante como habitat onde alojar seu excesso de ser.

CAPÍTULO 9
EU EM SONY

Em seu artigo de 1924, intitulado "A perda da realidade na neurose e na psicose",[116] Freud afirma que o neurótico substitui a realidade, da qual não quer nada saber, pelo fantasma. Já o psicótico, por sua vez, nega a realidade, a qual ele substitui pelo delírio. Freud precisa que essa substituição tem valor de reconstrução, termo que retoma em um outro artigo, de 1937, intitulado "Construções em análise",[117] para mostrar o parentesco com a operação do analista que usa de um procedimento análogo, quando a lembrança falha.

Versões da realidade

No caso da psicose, a loucura não se opõe de forma alguma à realidade. Ela tira sua força da parte de verdade inclusa na certeza delirante. Medimos com dificuldade o caráter inédito dessas teses freudianas, tão pouco levadas a sério pela psiquiatria atual, que faz da crítica do delírio feita pelo próprio paciente um critério de cura. Igualmente para os psicanalistas da IPA, como Lebovici, que apresenta como exemplo de fim de tratamento, Sammy,[118] uma criança psicótica que operaria um retorno à realidade graças – cito-o – a uma "pseudoneurotização". Essa concepção toma a neurose como modelo e nega o valor reconstrutivo do delírio.

Notemos, enfim, que a ideia freudiana da construção da realidade a partir da verdade do delírio é congruente com a lógica analítica, no ponto em que ela oblitera qualquer noção de intuição ou de referência. Freud se atém ao valor estruturante apenas das criações linguageiras. Assim sendo, a questão da realidade no tratamento do psicótico poderia ser formulada da seguinte maneira: qual versão da realidade pode se construir a partir de produções literais de um sujeito sob transferência, que permitem conciliar uma modalidade de gozo particular com a possibilidade de um laço social, ainda que sem contar com o Nome-do-Pai?

O sentido "como se fosse do mal"

Após ter concluído uma permanência de cinco anos em um estabelecimento médico-social, onde deu entrada com o diagnóstico de psicose, este adolescente encontra pela primeira vez um analista. Sua reintegração em um meio familiar e escolar normal provoca uma catástrofe subjetiva que o leva a falar com o analista sobre aquilo que o obrigava a permanecer prostrado em sua cama por longas horas. Quando ia à escola, ficava persuadido de que seus colegas queriam drogá-lo e que seus olhares visavam a jogar-lhe um feitiço: "Eu me ferrei, me tratam como se eu fosse do mal". Ele não apenas fica paralisado por essas más intenções imputadas ao Outro, mas também pelos fenômenos corporais estranhos. Depois de ter quebrado o pulso, sentiu coisas pesadas esmagando seu rosto; e quando tentou reparar um furo no pneu de sua bicicleta, um furo que não estava conseguindo tapar, surgiram objetos espumantes que queriam se apossar de seus olhos e suas orelhas. Ele imagina aliás que, fazendo um furo na garganta, poderia observar o trabalho interno de seus invasores.

    Face a essa possessão de seu corpo pela voz que sonoriza o olhar do Outro, Sammy tenta se abrigar sob um significante que pudesse protegê-lo da massa infinita de seus opressores. Esse significante que ele encontrou foi a palavra "eletrônica", cujo rastro vai procurar através de uma errância pelas seções especializadas das grandes lojas de departamento ou, ainda, na rubrica "eletrônica" do catálogo telefônico. Ele espera poder ler seu nome. Infelizmente, essa tentativa não chega a pacificá-lo, e por isso vai ver o analista. Ele tenta, com este, soletrar o valor do significante "eletrônica", operação que poderia ajudá-lo, segundo ele, a aparelhar o som.

Ele descreve as numerosas atividades noturnas que desenvolve para conter a paralisia que as vozes lhe impõem: construir circuitos elétricos que capturaram ondas vazias, ou línguas estrangeiras; instalar na janela longas antenas para recolher uma mensagem do além; conectar sua voz a um aparelho que funcionaria em circuito fechado, e o qual seria ao mesmo tempo o emissor e o receptor.

No que concerne à música, ele nota, não sem perplexidade, que só se interessa por um instrumento, a ponto de ter que colar sua orelha no autofalante: a trompa! Vemos que esse duelo entre o objeto e o Outro está no ponto de se encerrar sobre um gozo autístico.

O analista parasita

É uma criação significante na transferência que introduzirá algo novo: Sammy explica ao analista, em um tom eufórico, que ele descobriu sua identidade: "Você é um parasita!". O analista, um pouco espantado, pede que explique, ao que ele responde: "É uma palavra que inventei, não tem sentido, mas é o nome que eu dou àquele que restitui saúde fazendo falar". Esse significante assemântico designa, portanto, o lugar do analista como fazendo suplência à função do Nome-do-Pai, ponto vazio da língua que descompleta o conjunto de significantes, permitindo que som e sentido funcionem em alteridade.

Que ele possa designar a palavra "parasita" como um neologismo de sua invenção, não nos impede de escutá-lo como essa falha que, na pureza universal do som, vem introduzir o indício de uma imperfeição. A invenção do analista-parasita vai marcar uma torção na relação de Sammy com o som, que, assim, passa a ter valor. Ele começa a redigir um catálogo de bandas de rock de sua região, recensear todos os nomes dos fabricantes de materiais hi-fi e estudar livros de eletrônica. Ele passa a sonhar em ser um DJ de uma boate para a qual quer construir um aparelho dito de "programação absoluta". Ele confia ao analista as etapas de seu plano secreto: primeiro, "animar uma boate de rock"; segundo, "comprar a FNAC"; terceiro, "readquirir as usinas eletrônicas dos japoneses".

Enquanto aguarda, e mais concretamente, ele se propõe a consertar os aparelhos eletrônicos de seus vizinhos, que o acham bizarro, mas apreciam sua competência e sua dedicação.

Uma prática da escrita

Paralelamente a suas sessões, Sammy desenvolve uma prática da escrita que consiste, inicialmente, em preencher folhas com equações matemáticas e frases em inglês, duas linguagens das quais diz não entender nada. Ele chama essas páginas de *Livro das paixões*. Essa aplicação evoluiu para a produção de textos que entrega ao analista; entre estes, um que se intitula *A Palavra sagrada*, que consiste em longas considerações sobre a certeza de se comunicar com os extraterrestres, e que se pontua por uma observação essencial: "Meu sentido é compatível com o mundo".

"Escrever", diz ele, "me restabelece quando não tenho parceiro e excesso de barulho". Ele designa sua prática da seguinte maneira: "Colocar o som na caixa". Enfim, tal como James Joyce fazendo seu autorretrato em *Retrato do artista quando jovem*, ele cria para si um *ego* objeto, assinando um de seus textos "Eu em Sony". Essa construção de uma identificação dando acesso a uma certa realidade, fracassa, contudo, em sustentá-lo em uma posição sexuada. Ele escuta seus colegas lhe murmurando "bicha, moçinha, chupa", o que ele refuta com energia: "Eu posso matar quem me disser isso"; "Para me defender, eu precisaria de um corpo de bronze". Para se opor a essa feminização, ele constrói a ideia de uma posição masculina que lhe permitiria abordar as mulheres com uma condição muito particular: estar vestindo um macacão da marca Sony. Assim, vestindo um uniforme, ele poderia ir na casa de "mulheres sozinhas e virgens", sob o pretexto de consertar seus aparelhos eletrônicos, e nessa oportunidade poderia, por certo, "transar com elas". Notemos, no entanto, que isso resta no condicional.

Um fantasma postiço

O sujeito pode, portanto, sob a condição de se recobrir com uma insígnia tomada no Outro do objeto moderno, construir-se um fantasma postiço.

Essa identificação a um traço correlacionado ao objeto visa a tratar o gozo sonoro. Depois de algum tempo, Sammy endereça uma nova demanda a seu analista: ele quer transformar as sessões em conversas entre camaradas. "Deveríamos conversar como dois amigos em um café", diz ele. Ele leva para as sessões cassetes de rock, e o analista, algumas vezes, se presta a ouvi-las com ele. Ele acha que a eletrônica é o fio de sua vida, como "o futuro de seu futuro"; o que, na sua realidade presente, se traduz pela preparação aplicada de um CAP[119] eletrônico pertinentemente chamado "opção automatismo". Ele evoca, enfim, seu desejo de espaçar as sessões, e vislumbra até mesmo encerrá-las: "Me será suficiente, talvez, pensar que você está em algum lugar".

Lições desse caso

O ponto essencial concerne ao estatuto de objeto: de início, inteiramente reduzido a uma pura sonoridade funcionando em um circuito boca/orelha, ele vai se transformar em um objeto apresentável ao Outro, podendo adquirir valor no campo social. Essa mutação se opera, não por uma decifração de seu valor significante, mas por uma cifração que lhe dá um estatuto e o extrai do corpo. Ele faz do saber construído a partir desse objeto – entre outros, com a ajuda da ciência – um produto socialmente apresentável, ainda que indecifrável. Esse objeto é criado no vazio aberto pela foraclusão, como regulamentação de um gozo que faz borda à Coisa e enquadre da realidade.

Na transferência, essa operação se sustenta em uma posição do analista da qual se podem apreender três modalidades sucessivas: ele é inicialmente convocado como Outro barrado, garantindo, de algum modo, que o som e o sentido estejam em uma relação de heterogeneidade. Em seguida, ele é identificado a uma pura criação significante assemântica – o analista "parasita" –, para se tornar, *in fine*, um companheiro com o qual compartilhar a comum realidade dos amantes da música.

O segundo tempo é evidentemente essencial: produzindo uma nomeação suplementar, ele opera, como o quarto aro do nó borromeano, que vem fazer suplência ao desenodamento dos outros três. Lacan faz equivaler essa suplência ao que Freud chamou de realidade psíquica. É a partir dessa criação, e de seu valor sinthomático, que os diversos registros da realidade para o sujeito podem se declinar: "eu em sonorização", do lado de um ego de suplência imaginária: "transar com uma mulher em Sony", do lado do fantasma; e "se fazer de eletricista", do lado da identificação simbólica.

Notemos, entretanto, os limites dessa reconstrução da realidade na psicose, cujo aspecto de bricolagem não garante firmemente contra o retorno persecutório do real. O próprio Sammy – ainda que vislumbre interromper a análise, que, como diz ele, "lhe devolveu a saúde" tornando-o "compatível com o mundo" – fica inquieto com dois encontros imprevistos: no momento em que é abordado na rua por policiais pedindo documentos, tem a certeza de ter visto um deles rir de seu nome e sente o mundo tremer sob seus pés. Por outro lado, ele se pergunta com perplexidade por que seus pais se endereçam a ele dizendo "ela". É nesses registros do nome próprio e do sexo que a realidade psicótica é mais ameaçada. É porque lhe falta a função que sustenta a realidade, ou seja, o falo, na medida em que este permite ao mesmo tempo desrealizar o gozo e ordená-lo na dimensão contável.

No fundo, é porque a ética do psicótico é menos covarde que a do neurótico que ele consente menos em fazer da realidade uma careta do real, e que ele fica exposto à iminência da Coisa. É ainda mais necessário que a solução sinthomática lhe dê abrigo do fora-de-sentido, pois o sentido torna-se muito rápido equivalente à vontade malvada do Outro.

CAPÍTULO 10
SOMBRA E LUZ

Com seu físico comum, Jean-Pierre é um homem que facilmente passa despercebido. No trabalho, como em sua vida pessoal, ele manifesta uma presença discreta, sem produzir ondas. Ele desliza passando por debaixo das ondas... Um de seus chefes chegou a lhe dar o apelido de "o surfista", de tanto que ele se esforça para não se destacar em nada e para se ajustar a qualquer situação por meio de uma prática de copiar--colar, o que faz dele alguém muito adaptável. Com efeito, diante de uma situação nova, ele capta muito rapidamente como os outros agem, e se conforma com aquilo sem dificuldade, para cumprir a tarefa que lhe cabe. Assim, é aplicado em seu trabalho. Após ter sido técnico de iluminação, no momento presente ele é técnico de um importante laboratório fotográfico, muito conhecido pelas fotos de celebridades que fazem.

"Tudo o que me define é minha indecisão"

Entretanto, essa maneira de fazer as coisas por imitação imaginária não o coloca ao abrigo de algumas inquietações, fato que o levou a se endereçar ao analista. Ele observa, então, que existem situações nas quais não se pode *fazer igual*. Por exemplo, no que concerne às relações sexuais, o modelo falta e, quando ele é confrontado, sente uma angústia crescente. É nessas situações que vozes começam a lhe falar, de maneira mais ou menos virulenta. Ele não consegue se moldar ao que sua companheira gostaria, e seu único recurso é fugir. Por ocasião de uma recente viagem à China, ele encontrou uma jovem mulher que, muito rapidamente, lhe fez um convite sexual. Ele entrou em pânico a ponto de imaginar que ela tinha sido enviada pelos serviços de espionagem para lhe fazer confessar segredos que ele poderia deter. Essa eflorescência delirante teve tanta consistência, que a embaixada da França teve que organizar, com urgência, sua repatriação sanitária. Na sequência, ele deu continuidade à relação com a jovem chinesa, por meio de correios eletrônicos. Concluiu que o que ela queria era dinheiro. Deu um jeito de juntar todas as suas economias a fim de lhe oferecer um carro, mesmo sem a rever!

Às vezes, ele percebe sua inconsistência. Testemunha sobre o quanto está na dependência das pessoas que encontra de passagem, e se queixa de sua falta de desejo pessoal. Essas são, para ele, razões para desaparecer, o que ele me anuncia um dia, por telefone, com grande frieza: "Eu não vejo o valor de uma vida assim tão banal. Eu vou me suprimir. Não faz sentido ser tão insignificante". Convidei-o a vir me encontrar imediatamente, e ele me explica que, se ele não encontra alguma coisa minimamente particular para dizer quem ele é, não vê por que deveria continuar a viver. "Tudo o que me define é minha indecisão", afirma ele, não sem um toque de ironia, mostrando bem que está totalmente consciente do paradoxo ao qual está preso. Sua vida toma, a partir desse paradoxo, a forma de uma deriva metonímica, não ordenada pelas palavras-mestre nas quais ele poderia se reconhecer, ou que poderiam sustentá-lo em uma identificação estável. A maneira tão singular que tem de se conectar ao Outro, a partir de uma adesão à imagem, constitui uma solução para sua falta simbólica estrutural, mas que é também um impasse para ele, na medida em que o coloca em uma dependência extrema do capricho do outro. Logo, é uma solução que vem compensar para ele, de maneira precária, sua ausência de inscrição no discurso do Outro, quer dizer, no laço social. Assim ele me explica que sua errância é antes de tudo um fenômeno da ordem linguageira: "Eu fico, por vezes, horas diante da minha mesa a me perguntar o laço que pode existir entre essa mesa na qual estou sentado e a palavra 'mesa'. Eu não consigo encontrar a menor relação".

Apesar disso, ele se dá conta de que uma constante anima sua vida: é seu interesse pela luz, particularmente no domínio da fotografia.

Todos os diplomas que ele obteve trazem a marca disso, assim como os diversos cargos que ocupou. Minha preocupação foi então manter a conversa mais detalhada possível sobre as diversas modalidades de sua prática nesse campo. Apareceu, então, que esse interesse fazia convergir sua solução com seu impasse. O uso que ele fazia da fotografia lhe permitia, com efeito, ajustar sua relação com o parceiro, compensando ou fazendo suplência à ausência do fantasma. Ele pôde também fazer um "ajuste" ali onde não dispunha de cenário estabelecido. Isso lhe dá a impressão de ter uma certa "filmagem" imaginária, ou seja, um domínio do enquadramento. Entretanto, seu ofício principal não era a reportagem fotográfica, mas a impressão das provas, um trabalho de laboratório centrado no uso da luz, ponto sobre o qual se concentra igualmente seu dilema: de um lado, ele ama esse trabalho – pois este o afasta do contato direto com os colegas ou os clientes, domínio no qual ele se perde muito rápido –, de outro, ele está um pouco condenado a fazer um trabalho repetitivo, puramente técnico, no qual o anonimato domina e nada de sua singularidade chega a se expressar.

"Encontrei minha assinatura"

Um dia, entretanto, ele chega à sua sessão com um ar surpreendentemente alegre e leve. Ele me diz ter feito uma descoberta em sua prática, a qual produziu um grande efeito subjetivo. Devendo efetuar nova impressão de uma prova para um fotógrafo de moda, ele teve a ideia de introduzir modificações. Para fazer isso, ele brincou com a luz por intermédio de seu próprio corpo. Esse toque pessoal foi ainda possibilitado pela revelação analógica – agora reservada apenas para as provas artísticas –, contrariamente às tiragens numéricas das operações automatizadas, que a torna impossível. Seu procedimento consiste em interceptar, com a sua mão criteriosamente posicionada, uma parte do fluxo luminoso que vai da fonte para o papel que o recebe. A modificação produziu um efeito artístico tão marcante, que o cliente ficou maravilhado, achando que ele havia nitidamente melhorado a fotografia. Jean-Pierre me disse que essa marca de singularidade que havia assim produzido com seu corpo, e feito passar para o outro social, tinha produzido nele um efeito tão novo, que pensou ter encontrado aí sua assinatura: "Eu encontrei minha assinatura!", me lança ele, uma cara de felicidade.

Por meio dessa expressão, ele se apoderava de um significante que eu mesmo lhe havia proposto anteriormente sob forma de pergunta: "Como notar alguma coisa singular em seu trabalho?". Eu o encorajava, portanto, a dar continuidade à sua pesquisa nessa direção, o que ele fez com um certo sucesso, a ponto de o meio dos fotógrafos de moda começarem a reconhecer em seu trabalho um toque pessoal, um estilo próprio, o que lhe permitiu aparecer em revistas de grande tiragem, tais como a *Elle*.

Deve-se notar aqui que o que é operante para o sujeito não se deve ao sentido que a língua veicula, mas se origina de um gesto que implica colocar o corpo em jogo. Graças a essa invenção, aprovada pelo analista, Jean-Pierre modifica radicalmente sua relação com o Outro. Ali onde não havia outra solução que não fosse a colagem imaginária, que lhe retirava toda particularidade, ele consegue atualmente construir um laço social no qual sua singularidade não o isola, mas, ao contrário, lhe permite se distinguir, ou seja, existir em relação ao Outro social. Certamente essa solução não regula tudo: ela permanece ligada a um certo isolamento no quarto escuro, e é por isso que ele continua a duvidar dos eventuais encontros para os quais ele será solicitado no plano sexual em plena luz do dia.

Nossos encontros regulares duraram alguns anos, entrecortados por viagens por toda parte do mundo, onde ele dava continuidade a uma errância certa, porém discreta. Após um tempo de interrupção, recebi um dia um chamado proveniente de um serviço de urgência de um hospital psiquiátrico onde ele foi acolhido, na sequência de um episódio delirante agudo. Seus médicos não conseguiam compreender o que tinha acontecido com ele, de tanto que seus propósitos pareciam incoerentes. Ele lhes aconselha apenas "a chamar [seu] psicanalista, que [o] conhecia bem". Algum tempo depois, após a queda do momento delirante, nós conseguimos reconstituir o que havia se passado nas horas que antecederam essa crise. Ele tinha acabado de assistir à inauguração, em uma galeria de arte, de uma exposição consagrada às suas fotografias. Ele teve que se resignar em apresentar suas produções ao público, ainda que aquilo não fosse seu desejo, mas uma concessão ao insistente conselho de seus amigos admiradores de suas obras. Quando todas aquelas pessoas estavam reunidas para contemplar suas fotos, e começaram a lhe interrogar sobre seu trabalho, ele sentiu aflorar um mal-estar, que se tornou rapidamente uma exaltação ansiosa, culminando em um delírio agudo.

Assim a experiência ensina que, quando nosso modo de vida consiste em nos proteger da luz, permanecendo na sombra, mais vale ficarmos na sombra e não nos deixarmos levar para forçar nosso estilo.

CAPÍTULO 11
URGÊNCIAS

Para a psicanálise, a questão do tempo não é redutível a um dado da experiência. Ela não sobressai, portanto, simplesmente da ordem do registro da medida, como na ciência, nem do vivido, como categoria imanente do sujeito psicológico. Ela deve, com efeito, ser abordada a partir dos efeitos de imisção do falasser na linguagem. Essa experiência propriamente humana – o fato de que cada um experimenta um sentimento da vida – produz uma temporalidade particular que podemos repertoriar segundo duas vertentes: aquela da significação, que se desenvolve no registro do sentido, e aquela do corpo, que se inscreve no nível do gozo. Essas dimensões da experiência do ser falante são especialmente mobilizadas nos sujeitos psicóticos.

Significação versus pulsão

No que diz respeito à significação, a dimensão do tempo se apreende a partir da retroação, no *a posteriori*. Ela implica uma certa incerteza, uma espera, depois um efeito de finalização engendrando um precipitado.

Na vertente da relação com o corpo como lugar do gozo, a temporalidade se deduz da estrutura em circuito da pulsão. Seu percurso, se ele parte do corpo, deve passar pela demanda, quer dizer, se submeter ao poder do Outro de introduzir aí o equívoco próprio à linguagem, operação que deixa, do gozo, apenas um resto, sob a forma de um traço inscrevendo-se sobre o corpo. A observação de Freud, segundo a qual a força pulsional é constante, indica bem sua diferença temporal com o instinto que, ao contrário, é cíclico, evanescendo momentaneamente com a satisfação da necessidade. O tempo da pulsão é, portanto, ao mesmo tempo, permanente e cadenciado pela resposta do Outro.

No caso da psicose, a estrutura lógica da temporalidade é subvertida, tanto na vertente da significação, como na do gozo. A falha do Nome-do-Pai e da significação fálica faz a frase perder seu valor de unidade semântica; o sujeito diante disso se encontra seja petrificado sob um significante sozinho – e, logo, mais real que simbólico –, seja disperso em uma deriva metonímica infinita, sem intervalo onde alojar sua questão. Quanto à relação com o objeto, por não ser marcado pelo traço da falta que a passagem pelo Outro implica, o sujeito pode se encontrar aí, seja reduzido, como na eternidade mortificante da melancolia, seja tão colado que qualquer relação com o Outro se torna inacessível. Outra alternativa: o sujeito pode se encontrar no dever de restituir o objeto a esse Outro que o reclama sob a forma imperativa do supereu, dando-lhe, assim, uma consistência feroz.

Paranoia ou psicose ordinária

Essas duas vertentes – significação e pulsão – não são, entretanto, sem relação uma com a outra. Uma primeira vinheta clínica nos faz aprender seu intrincamento a partir da construção produzida em análise por Frédéric, sujeito esquizofrênico. Essa construção incide sobre a causa de sua doença, que ele chama de "o instante da eternidade": "Minha boca de bebê se fecha sem nenhum seio para pegar. Eu me mordo os dentes e lanço um grito mudo. Diante do menor problema, eu retorno a essa cena de base. Sem seio para pegar, isso deixa sem voz, a não ser para morder". Essa construção, perfeitamente lógica, mostra como, em um instante, o encontro com um outro que não tem nada para soltar tem, por consequência, deixar ao sujeito uma boca que não pode se dividir entre fala e oralidade, e o uso do órgão serve apenas para a autodevoração.

Se definirmos os sintomas temporais na psicose como consequências da falha do ponto capitonê, uma das soluções é reatribuir ao tempo um valor simbólico por um substituto da metáfora paterna. É a metáfora delirante que permite reconstruir um mundo, restabelecendo um laço entre significante e significado, com o que isso implica de possível escansão, entre presente e um futuro em particular. Assim Schreber pôde suportar seu presente, ao imaginar-se na origem de uma nova humanidade, em um futuro afortunadamente assintótico.

Essa clínica relata de maneira exata a solução paranoica, mas é pouco operatória com os sujeitos que encontramos cada vez mais, e que podem ser referidos de preferência às psicoses ordinárias. Na solução delirante do tipo schreberiano, o extraordinário encadeamento dos fenômenos entre o tempo da perplexidade e o tempo da certeza conclusiva mostra um tratamento do mais íntimo pelo mais grandioso – nada menos que uma "nova ordem do Universo" – para responder à morte do sujeito. Nossa época fornece certamente menos suporte às soluções discursivas universalizantes. Ela promove de preferência um arranjo disparatado de gozos esparsos. Assim, os fenômenos temporais que esses sujeitos apresentam são do registro do elementar, a entender como *Um* (em que o significante e o objeto se equivalem), que não almeja nenhum *dois* para colmatar o abismo temporal encontrado no mais cotidiano de sua corajosa existência. Esses fenômenos dependem de uma certa discrição – ao contrário do delírio –, constituindo minidesconexões do Outro: instantes nos quais o sujeito se encontra, frequentemente numa certa urgência, sem resposta diante do enigma de um buraco sem borda.

Através de uma série de casos provenientes da minha prática, tento agora dar conta da relação entre temporalidade e criação. Para cada um, tratar-se-á de valorizar mais a invenção do sujeito do que suas determinações significantes. Essa escolha repousa sobre a aposta de que é possível identificar uma lógica própria ao discurso da psicanálise. A singularidade do fenômeno e de seu tratamento pode ter valor de ensino: criar um novo "para todos", não deduzível do Outro prévio. Assim, esses casos são abordados não para verificar que seus traços em comum validam a pertinência do conjunto "psicose", mas supondo que, da colocação em série da extrema variedade de soluções singulares, um ensino possa se deduzir. Esses sujeitos têm em comum, entretanto, o fato de não desenvolverem delírio, não serem tratados em instituição, devido ao laço social que conseguem manter a maior parte do tempo, assim como sua capacidade de endereçar uma demanda ao psicanalista. Esse laço, contudo, é muito frágil, pois todos passaram temporadas mais ou menos longas em instituição psiquiátrica.

O dia e a noite

Em seu *Seminário 2*, Lacan nos indica que "a oposição do dia e da noite é uma oposição significante. A noção da chegada do dia é alguma coisa de, propriamente falando, inapreensível em alguma realidade".[120] Tomemos então esse problema do cotidiano de maneira literal: a repetição da experiência do despertar não impede de experimentar a bizarrice, nem que seja por um breve instante. Lacan mostrou bem a estrutura temporal disso: um instante de *unheimlich*, de inquietante estranheza, rapidamente recoberta pelo senso comum que libera a significação fálica, o abrigo do Nome-do-Pai e a janela do fantasma – o que nos assegura daquilo que chamamos a realidade, e que nada mais é do que uma construção. Do conforto do sono, do qual o sonho é o guardião, acordamos para continuar a dormir, e nos defender, assim, contra o real.

Para David, é também o alvorecer que lhe faz problema, mas de maneira mais particular. Uma surda inquietação o habita, que incide sobre "como saber se é dia ou noite". Assim, há muitos anos, ele acorda antes do amanhecer, abre ligeiramente as venezianas e se esforça para captar o instante absoluto em que pode dizer com certeza: "O dia nasceu". Para ele, portanto, sem chance de encontrar "a paz do anoitecer"[121] evocada por Lacan. O lado imperativo de sua observação noturna não lhe traz nenhuma paz, na ausência de um instrumento que lhe garantisse o domínio temporal dessa passagem. Sobre o tempo, ele me diz: "O tempo não passa de um flash, no mesmo momento que vem, já passou. Não tenho outra imagem que não seja a rapidez da luz: *pstt* e nada fica". Na sequência das sessões, ele inventa, entretanto, com o apoio do seu analista, um dispositivo mais leve, o de tomar nota das diversas horas do aparecimento da luz do dia. Isso lhe permite, com toda evidência, extrair uma lei segundo a qual "a cada dia o sol se levanta três minutos mais tarde". Ele registra esses horários do alvorecer em um caderno, que pode deixar guardado comigo. Essa prática, tendo um caráter de previsibilidade, o alivia pouco a pouco de ter que se fazer de fiador do real do tempo e da natureza.

O tempo da frase

Quando aquilo que permite a operação de enodamento entre o Nome-do-Pai e a significação fálica falha, é o Um da frase, como aquilo que organiza a temporalidade – entre espera e precipitação –, que se dissolve. Eis como Frédéric se confronta com isso. "É a palavra 'tudo' que contamina todas as outras", diz ele. "A palavra tem que ser terminada, completa. É como uma concentração de obrigações, que eu devo dizer e redizer sem parar, enumerá-los sem parar, como um turbilhão maquinal de fórmulas".

Frédéric tem que se haver, portanto, com a alta densidade das palavras – ou seja, o gozo que elas contêm –, na falta de poder aniquilá-lo ou contabilizá-lo. Assim, o tratamento que ele deve inventar para se opor a esse excesso de densidade se apoia sobre diversas práticas. Por exemplo, ele é levado a recitar a lista de verbos que o esmagam, colocando-os no imperfeito (observemos o equívoco desse termo, "imperfeito", que implica uma dupla modalidade da falha) ou no passado composto, que "abaixa a intensidade, a mordida da palavra". Por outro lado, ele aplica à palavra excessivamente densa um diminutivo para extrair dela o excesso de real. Assim: "a palavra 'morder', eu a transformo em 'mordiscar' e o mal se reduz". Há aqui um emparelhamento da pulsão pelas múltiplas variações possíveis da língua.

Uma outra figura holofrásica do todo à qual ele se confronta é o "eu/tu". O tratamento que ele aplica a essa desagradável ladainha é um "lalalerê", que ele nomeia "a insolência do cantarolar". Ou então, quando a expressão que se impõe a ele é, em uma só palavra, "Deus-todo-poderoso", ele transforma a escrita colocando uma vírgula após cada palavra: "Eu desarticulo essa coisa", me diz.

O conjunto desses achados, Frédéric os resitua na lógica temporal do trabalho analítico: "As sessões são o que faz passar do amontoamento das palavras na cabeça ao alongamento da frase dita". "Não é necessário que o psicanalista seja um padre que pressiona para a confissão, para dizer tudo; é preciso que ele permita expor o relato, ter um pensamento linear, uma palavra após a outra, com o tempo necessário".

Para David, mencionado antes, a modalidade do tratamento do real da língua é também uma prática do alongamento: "O tempo da sessão opera", diz ele, "como no filme *De volta para o futuro*. Conversar com você é fazer dispersar as coisas fortes demais e andar nos traços que elas deixam ao se afastarem. É uma cura de redação".

O tempo do ato

Na psicose, sabemos o quanto a tentação à passagem ao ato é dominante. Essa é a consequência da falha na barreira da significação, que leva o sujeito a encontrar, na forçagem do ato, uma nomeação no real. Foi assim para Catherine, universitária brilhante e autora de uma obra sobre artes plásticas, que teve sucesso suficiente para ser traduzida em várias línguas. Ao lado de sua função de professora, ela é pintora, prática pela qual também é reconhecida por seu talento. Entretanto, ela tem um problema que se manifesta sob a forma de crises imprevisíveis, que a colocavam, por vezes, impossibilitada de exercer ambas as suas atividades. Ela se encontra, então, seja sem voz – quando ela tem que se endereçar ao público –, seja paralisada diante de seu cavalete. Nesses momentos bastante dolorosos, lhe vem uma certeza que ela formula assim: "Eu sou a pintura". Ela me explica, então, que esse curto-circuito a impulsiona a se jogar sobre os tubos de tinta, não para colocá-los na tela, mas para comê-los. É, então, na garganta que se enoda o problema de Catherine, entre voz perdida e ingestão da tinta. Os médicos, primeiramente perplexos diante dos sintomas assim localizados, não hesitam em operá-la por duas vezes, tentando extrair a coisa em excesso supostamente a impedi-la de respirar bem. Sem sucesso, exceto por ter deixado em sua garganta a marca de um corte extremamente real.

Após algum tempo de trabalho analítico, Catherine me disse ter reencontrado o bom uso de seus pincéis no prolongamento da sessão: "Eu senti que era preciso me precipitar para minha casa para pintar, como uma continuação da sessão. Aqui, como eu posso alongar a frase, isso convoca uma continuidade, sem que se encerre". Há aí, então, uma modificação do trajeto pulsional, que impede o fechamento do gesto sobre o "comer a tinta". É o vazio remanejado no tempo da própria frase que torna possível uma conclusão criativa, incluindo a perda do real do objeto. O tempo da língua e o do ato implicando um corpo se reencontram a partir de sua comum hiância, em uma temporalidade feita de desaceleração seguida de precipitação "da boa maneira".

Sublimar a paixão

A questão da urgência em sua relação com o ato pode se apresentar de maneira particularmente radical, como foi o caso do sr. S. Tendo sempre tido um problema com a própria vida, ele nunca conseguiu sentir o gosto das coisas, fossem elas elementares ou complexas, os prazeres mais simples lhe eram inacessíveis. Ele pode, na ocasião, ser diagnosticado como melancólico pela psiquiatria, que frequentou um pouco. Ele próprio se reconhece em uma indignidade certeira, que atribui ao sentimento de encarnar uma falta tão onipresente quanto ilocalizável. Ele reconhece que se sente atraído mais pela morte do que pela vida. O desejo "de pôr fim", para colocar um termo a uma vida tão pouco vivaz, constitui a tonalidade de sua existência.

Entretanto, muitos anos de análise lhe permitem liberar as coordenadas de uma cena infantil condensando a fixação mórbida de seu gozo. Quando tinha seis anos, seu irmão mais novo, de cinco anos, morreu de uma doença fulminante. A mãe pega no colo o cadáver da criança morta, e fica assim por um longo momento, prostrada nessa postura de *pietà*. O Sr. S. assiste petrificado a essa cena, que lhe deixou uma marca indelével. Posteriormente, ele não sabe o que o embarca no afeto que acompanha essa visão: um sentimento de horror ligado à perda súbita desse irmão amado, ou uma vontade inextricável de ocupar esse lugar de objeto de um sacrifício obscuro?

Apesar disso, era preciso se defender de acreditar que essa cena tão fascinante fosse a causa de seu escasso gosto pela vida. Ele confessa ter, desde sempre, experimentado a vida mais como um fardo, que como uma alegria. A cena da *pietà* revela ser, portanto, uma construção que vem fazer suplência a esse vazio da existência, vazio presente desde sempre. Essa cena tem, então, uma função de suplência, na medida em que faz borda a esse vazio, religando o sujeito à figura do Outro materno, do qual constitui uma elaboração. "Minha mãe quer gozar da criança morta", constata ele. Essa cena é traumática e salvadora, ao mesmo tempo. Entretanto, ela quase não oferece outras versões do gozo além daquela da morte, mesmo se isso conecta o sujeito ao Outro. A derrelicção do deixar cair radical do sentimento da vida se desloca para a posição sacrificial, para fazer existir o gozo do Outro. Em todo caso, essa cena orientou posteriormente sua atração pela religião como discurso sublimado da paixão do sacrifício.

Retomo o momento em que, sob o pretexto de uma urgência para concluir, as coordenadas subjetivas do Sr. S. se desamarram e se mantêm, apesar de tudo, um frágil laço com o Outro. O Sr. S me anuncia um dia que a vida se tornara para ele realmente insuportável e que pretendia se matar. Ele já havia evocado essa intenção diversas vezes, mas sempre para adiá-la. Ela se constituía assim o pano de fundo, o horizonte de sua existência. Mas aí, a iminência da coisa o leva a me precisar que ele tinha acabado de passar na loja de armas para obter a ferramenta necessária. Dá-se, então, um pequeno diálogo improvisado às pressas.

O psicanalista: – Se o senhor está decidido, por que vir me falar?

Sr. S.: – Porque eu ainda tenho um pedido a fazer. Eu gostaria que me perdoassem o mal que farei às pessoas que me amam.

O psicanalista foi então ele mesmo surpreendido por sua própria intervenção, com a qual encerrou a sessão: – "Você é realmente imperdoável. Até amanhã…"

No dia seguinte, o Sr. S. retornou e descreveu o que se sucedeu à sessão: "Eu voltei para minha casa bem decidido a me matar. Eu tinha o revólver na minha mão, mas a palavra 'imperdoável' começou a ressoar na minha cabeça de maneira cada vez mais forte. Ao final de alguns minutos, não aguentando mais, eu joguei o revólver fora".

O que então se passou nessa sequência densa, ao mesmo tempo terrivelmente lógica e absolutamente improvisada? Podemos, no *a posteriori*, supor que, para realizar plenamente sua inclinação sacrificial, o Sr. S. teria necessidade de recorrer a um parceiro que lhe garantisse que não é em vão subtrair-se da dor de existir. Para isso, lhe seria necessário assegurar-se um lugar no Outro, sob a forma daquele que lhe dá o perdão. Ao recusar-lhe essa reconciliação, o analista colocou uma cunha – no sentido de uma cunha de madeira – que faz objeção ao seu gozo como o recobrimento do objeto e do Outro. Aquilo permitiu fazer falhar o ato bem-sucedido, que é o suicídio, e demonstra por isso mesmo que é pela falha que o sujeito se humaniza. Ainda assim é preciso que seja colocado no lugar certo. É justamente isso a que visa o ato analítico. Contudo, a eficácia dessa intervenção arriscada permanece circunscrita a essa contingência. Em nenhum caso ela permite predizer a sequência, tão pouco pode servir de modelo a ser reproduzido. Ela é uma bricolagem produzida na urgência, mas que mostra que o psicanalista deve, desse ponto de vista, dançar mais rápido que a música, quer dizer, antecipar a conclusão implacável do real da pulsão de morte.

O conjunto desses fragmentos da prática analítica valorizam a relação com o tempo como uma modalidade do real em jogo para o falasser. Aqui, não se trata do tempo da significação – entre articulação na cadeia e retroação do sentido –, mas do tempo na sua relação com o ato. Nessa lógica, toda a pragmática de nossa posição é convocada. Lacan lembra, em seu "Discurso de Roma" de 1953, no qual enfatiza a necessidade, para o psicanalista, caso este queira responder aos impasses de sua época, de "que conheça sua função de intérprete na discórdia das línguas".[122] Em outras palavras, a linguagem não é somente um espaço simbólico com seu tempo de compreender, sua perspectiva de promessa, sua espera de amanhãs que não cantem muito mais, mas ela é também e, talvez, antes de tudo, uma pressão, um estresse, uma urgência que necessita, do lado do psicanalista, um estilo leve e vivo, ágil. Saber diminuir a onda imperiosa do comando incluído na língua ou, ao contrário, antecipar sua conclusão devastadora; entre os dois, todas as variações são possíveis. Entretanto, percebemos um ponto em comum em nossas diferentes intervenções: introduzir a dimensão da falta, ali onde o sujeito é frequentemente levado a concluir no real por um curto-circuito mortífero. Mas isso não seria suficiente. Convém que essa falta, assim furada, sirva de habitat para um achado do sujeito, suscetível de lhe fornecer uma outra satisfação. Então, a ética da psicanálise orienta o sujeito que, em uma certa urgência, está em busca de uma satisfação que se possa obter de um fracasso que leve menos à ruína.

Que ensino?

Dessa série de vinhetas clínicas, podemos, em primeiro lugar, tirar um ensino pela negativa: nenhuma das soluções produzidas por cada sujeito se apoia sobre a produção de uma significação nova. O significante sozinho, com o qual eles têm que se haver, não é completado por um segundo significante que produziria um saber ligado ao Outro da linguagem. As novas modalidades do tempo, introduzidas pelas bricolagens desses sujeitos, não são do registro da capitonagem por um significante, assegurando a coerência do enunciado pelo bloqueio retroativo do sentido da frase. Trata-se, em contrapartida, de uma prática sobre a língua enquanto assemântica, fora do sentido, que consiste, inicialmente, em esvaziar essa língua do excesso de gozo que ela comporta. Notamos que é uma questão de transferência, enquanto esta é a modalidade de amor que permite essa cessão de gozo, no dizer, durante a sessão. Essa cessão de gozo pode se operar de diversas maneiras, colocando em jogo os múltiplos recursos inclusos em uma pragmática da língua. O tempo da frase pode assim se alongar ali onde está condensado, se escandir onde está maciço, se declinar onde está monolítico; o analista assegurando, por sua presença, a coletânea e a edição desses achados. O termo reverter – utilizado por Lacan[123] para indicar o ponto onde o sujeito psicótico transforma seu sintoma em efeito de criação – parece convir a indicar a mudança de posição subjetiva em relação ao tempo da língua.

Da petrificação diante de um significante excessivamente real – na qual o sujeito, assim eternizado, se reduziria ao silêncio das pedras ou à autodestruição na urgência de um ato catastrófico –, uma certa passagem, frágil, precária, sempre a reiterar, é possível, mas deve ser apreendida na contingência. Os basculamentos permitidos pelo suporte dado a essas práticas de criação restituem uma posição ativa ao sujeito, tornando possível certo manejo do tempo. Notamos, enfim, que esse manejo da língua – regulado sob a vertente da letra e de seu depósito – não é do registro da metáfora, mas permite um efeito de borda e de corte no nível do corpo, no fechamento do circuito da pulsão. É por esse viés de um aparelhamento de corpo e de língua, implicando uma escansão temporal, que o sujeito acede a um corpo vivo, um corpo libidinal marcado por um menos que dá por um vazio seu lugar ao objeto e ao Outro.

CAPÍTULO 12
SE VIRAR COM O SEM INTERVALO

A invenção de Freud do dispositivo analítico fundado sobre a associação livre visa a definir um modo adequado à própria finalidade do tratamento: trata-se de capturar o gozo de um sujeito nas redes do significante, e permitir sua virada ao inconsciente. Para certos sujeitos, entretanto, essa aparente antinomia entre palavra e gozo não é tão simples. Schreber, contudo, nos explicou longamente que ele não devia parar de pensar, temendo que Deus se afastasse dele; e Lacan nos explica a razão disso: o paranoico, identificando o gozo no lugar do Outro, interroga a própria função da fala para todo sujeito. Quando, além disso, essas questões são colocadas no tratamento, é o próprio manejo da transferência que faz problema, pois falta ao analista a bússola da significação fálica para orientar sua intervenção e esvaziar o lugar do Outro de seu gozo. Foi a necessidade de inventar respostas – a essas questões muito pouco convencionais – que a entrada em análise de Christophe, de seis anos, me confrontou.

Foi a escola que pressionou o casal V. a vir me consultar para o filho deles. Eles o acham, com efeito, muito agitado, frequentemente bizarro; não compreendem nada das histórias extraordinárias que ele parece endereçar apenas para si mesmo e notam que ele passa longas horas com olhos e orelhas colados à tela da televisão. Mas o Sr. V. pensa que se trata, sobretudo, de um problema escolar, e no que diz respeito ao resto, "é preciso endireitá-lo". A sra. V., por sua vez, fala com uma enorme distância de seu filho, como se este verdadeiramente não lhe concernisse. Ela reconhece que não tinha desejado Christophe, que é, contudo, seu único filho. Por outro lado, compartilha com sua própria mãe uma veneração por um de seus irmãos, morto na idade de sete anos. Fico sabendo, igualmente, que Christophe foi um bebê muito calmo: nunca chorou, jamais demandou sua mamadeira e era preciso acordá-lo para o amamentar. Quanto a sua professora, ela faz o seguinte relato: "Não participa de nada, vive em seu mundo, inventa para si histórias incompreensíveis, fala sozinho, não brinca, não responde às perguntas que lhe são feitas".

A holófrase generalizada

Quando recebo Christophe pela primeira vez, ele se mostra incapaz de ficar parado; percorre meu consultório em todas as direções, apenas repetindo, angustiado: "O que vamos fazer?". Como o convido a me dizer o que o coloca num estado como aquele, ele consegue temperar sua agitação motora para se lançar em um discurso sem sentido e incessante.

Durante longas semanas, as sessões se repetiram de modo idêntico, preenchidas por um fluxo de palavras que minhas intervenções não conseguem nem canalizar, nem limitar. No máximo – se eu elevo muito a voz, demonstrando a ele que não espero que me diga tudo, e que, inclusive, aquilo seria impossível – ele interrompe o que estava fazendo por um breve instante, angustiado pelo vazio assim criado, para mergulhar novamente em sua produção sonora, na qual ele tende a se reduzir. Quanto ao conteúdo de seu discurso, é impossível apreender o fio condutor; ele parece muitas vezes se apoiar com a ajuda de histórias de guerra ou de robôs, tais como a televisão transmite em profusão. Percebo que a questão principal para Christophe não é exatamente a de contar uma história, mas, sobretudo, a de impedir qualquer interrupção de som. Assim, ele se põe a produzir um discurso literalmente sem intervalo.

Algumas vezes, entretanto, ele tenta situar seu lugar produzindo uma espécie de teoria sobre sua missão: "Mesmo à noite eu penso, é necessário." "Eu me lembro de tudo, a vida, o nascimento. No meu caderno não há nenhuma página vazia, eu sei tudo". "Eu te disse tudo e acabou". Ou ainda: "Você disse que é preciso falar, eu nunca direi que não sei nada". Ao contrário do sujeito dividido por seu sintoma e se interrogando sobre a sua significação, Christophe se oferece então como objeto-voz proferindo um saber, para que o Outro seja, enfim, Um. Inclusive ele se dedica a essa tarefa com uma tal disposição, que sua enunciação se encontra perturbada. Assim, como ele não deve de forma alguma parar de falar, sua boca logo produz tanta saliva que escorre pelos cantos quanto sons, testemunhando da impossibilidade de aceder à clivagem do objeto e do órgão, que permite usualmente diferenciar as funções. Ali onde o circuito da pulsão não pode se realizar devido à falta do corte operado pelo Outro, o objeto não pode cair para se inscrever na série fálica, e a boca diferenciar suas funções. De uma outra maneira, Christophe realiza seu ser de objeto-voz para o Outro nas variações de nível sonoro de seu discurso, em particular, quando ali se infiltram as frases literalmente impostas pelo Outro, especialmente sob sua forma televisiva ou radiofônica. Por exemplo, ele proclama com uma voz muito aguda: "Como tratar suas plantas? Envie um cartão postal e que o melhor ganhe!". Era nesses momentos que ele me parecia mais ausente, ainda que estando no cume de seu gozo.

Aqui é patente que a simbiose da qual se trata não é com a mãe, como pensa Margaret Mahler,[124] mas com o significante sob o qual o sujeito não pode desfalecer. Como consequência, a voz não pode funcionar em alteridade em relação com o que se diz e, por falta de um corte, é uma variedade de automatismo mental que gangrena o campo do discurso. Mas esse significante-mestre incluindo o objeto é bem devido ao Outro, o que nos leva a considerar a especificidade da transferência psicótica. Christophe me demanda, com efeito, ocupar esse lugar do Outro absoluto que exigiria a produção ininterrupta de saber, para seu gozo. E esse Outro seria o Analista, com um A maiúsculo, se ele *ex-sistisse*:[125] um analista que não teria que colocar em função o sujeito suposto saber como terceiro entre os parceiros, mas a caucionar a identificação do saber e do gozo – seu "eu penso, logo, gozo" – em uma certeza sem suposição. Não é de se admirar que essa espécie de delírio psicanalítico se desencadeasse na sequência da oferta de um dizer. Esse convite funciona efetivamente como um apelo ao Nome-do-Pai, ao qual o psicótico tende a dar uma plena consistência, ao invés de explorar nele a necessária falha. A emergência desse tudo-saber vai, aliás, ao encontro da não-extração do objeto (aqui, a voz), que não permite assegurar a alteridade do Outro. Podemos dizer que Christophe produz seu discurso como esforço de réplica a um significante-mestre concebido como pura injunção. Mas esse S_2 não está separado do S_1 pela barra da impossibilidade, e é por isso que ele pode prever o fim de seu tratamento – "Eu disse tudo e acabou" –, identificando-o com a exaustão do campo significante. O próprio estilo de sua enunciação – sem intervalo – evidencia um tipo de holófrase generalizada, como forma significante de recusa da parte perdida.

Do imperativo ao interrogativo

Christophe não se endereça a um significante qualquer, como Lacan indica em sua fórmula da transferência em 1967.[126] Em vez disso, lida diretamente com o Outro ao qual identifica o Analista, um Outro absoluto, sem particularidade. Em nenhum momento ele se endereça a mim para interrogar seu lugar no Outro; sua enunciação é, aliás, muito mais imperativa do que interrogativa. Contudo, uma vez que tive que desmarcar uma sessão, ele me disse na sessão seguinte: "Você estava doente, eu estava doente". Mas isso parece dar testemunho mais de uma lógica da simetria, que de uma questão sobre o desejo do Outro.

Se, no matema da transferência, o significante do analista não tem, a princípio, nada a ver com o saber inconsciente – que, aliás, ele não recobre com sua barra –, há, por outro lado, na transferência psicótica, um salto da barra que religa a produção significante do sujeito ao imperativo suposto do analista; é isso o que constitui a erotomania, na qual a certeza reduz o ser do Outro àquilo que ele deve saber. A ausência, em Christophe, dessa particularização da transferência concerne também a sua relação com seus sintomas ou com sua história, que ele jamais evoca. A tendência à totalização do saber faz, aqui, obstáculo à particularização da verdade.

Mas retornemos ao tratamento, marcado, nas primeiras semanas, pelo desencadeamento do gozo, localizado no próprio ato de falar e pelo embaraço no qual isso me colocou. Minhas intervenções orais não conseguem limitar esse transbordamento e foram mesmo transformadas em novas injunções superegoicas. Por exemplo, quando eu o acompanhava da sala de espera ao interior de meu consultório, eu o ouvia, por vezes, repetir: "Não é necessário dizer tudo ao Sr. Borie", promessa que, certamente, ele não conseguiria cumprir nem uma só vez na sessão. A questão me parecia ser, então, a de tentar se opor ao seu desejo de que o Outro gozasse, de não ser esse Outro moldado a sua medida, na qual o psicótico se desloca muito admiravelmente. Então eu interrompo a sessão cada vez mais cedo, frequentemente no meio de seu discurso. Mas foi preciso que eu reduzisse a sessão ao instante mesmo em que nos víamos, para que ele proferisse um "já acabou", traduzindo que eu, enfim, tinha conseguido decepcioná-lo. Esse "já acabou", por testemunhar que o sujeito foi afetado, introduz uma primeira falha em seu amor infinito ao Outro; testemunha o fato que, em seguida, a invasão das sessões por seu fluxo de falas não será mais tão massiva e poderá ser limitada mais facilmente.

Pouco depois apareceram significações concernentes ao sujeito mais de perto. Em um tom por vezes calmo e triste, que eu nunca tinha visto, ele dá testemunho de seu sofrimento: "Às vezes, eu penso demais. Eu tenho circuitos na cabeça, isso descarrila. Seria preciso desligá-los para falar mais. Mas há os computadores, a informática, isso não tem boca nem mãos". Ou, ainda, "Como desligar os circuitos, a guerra, a morte? Senão minha cabeça explodiria". O gozo do Outro adquire, certamente, uma cara no discurso devorante da ciência, mas é também a primeira vez que seu endereçamento toma uma forma interrogativa ou condicional, ao mesmo tempo em que o embaraço é transferido para seu lado.

Preencher continuamente o vazio

A questão que ele coloca, então, para a continuidade do tratamento, é, portanto: como fazer para que o sujeito possa se colocar em *fading* sob o significante "me ser",[127] abrindo-se, assim, um espaço vazio ao abrigo da devastação do excesso de real do significante? Ele vai se confrontar com esse ponto limite introduzindo a questão do pai de várias maneiras. Inicialmente, por meio da encenação de um chamado telefônico a um pai que, ora o deixa sem resposta, ora o envia esta injunção insensata: "Pare de se acalmar!". Não se trata exatamente de um jogo, mas de preferência da mostração da dimensão traumática do significante, que tem continuidade igualmente em uma outra sequência, em que, inscrevendo com violência traços desordenados, ele grita: "O Leste, o Oeste, a França, o Norte, o Far-West, o Super-Oeste, Pai-onde-está-aí". Esse "Pai-onde-está-aí" é anunciado como um sintagma congelado que ele repetirá várias vezes. Nota-se que, se tento intervir nessas sequências, ele se interrompe imediatamente, como se fosse impossível deslocar o que quer que seja desses significantes estáticos.

A essas sequências faladas vem, em oposição, uma outra em que ele mostra um mutismo decidido, correspondente à exibição de uma mamadeira que ele leva à boca e retira repetidamente. Intervenho então propondo-lhe uma construção, apoiando-se sobre algumas particularidades de sua história, das quais eu tinha conhecimento. Digo-lhe substancialmente que quando ele era bebê, deve ter sido difícil para ele se sentir sozinho com sua mamadeira e não saber o que ele era para sua mãe, que estava tão ocupada com o próprio irmão morto. Acrescento que, talvez, isso o tenha impedido de perceber a diferença entre a boca que serve para comer e a boca que serve para falar. Ele reage imediatamente: "Interditado, protegido, não deve dizer". Ele conhece certamente essa parte da história familiar, mas sempre lhe haviam dito que não se deveria jamais falar sobre aquilo.

Nas sessões seguintes, é ele mesmo que retornará a essa questão, me dizendo, entre outras coisas, o nome desse tio morto. E, na mesma época, eu recebo uma carta de sua professora me dizendo que, pela primeira vez, desde que ele estava em sua classe (havia sete meses), ela o tinha "escutado evocar alguma coisa do mundo real: ele falou de seu tio e seu pai".

O efeito dessa construção em análise parece, então, fazer *ex-sistir* alguma coisa do inconsciente, como o confirma o surgimento concomitante do interdito e de certos significantes de sua história, até aquele momento completamente mantidos sob silêncio. Tudo se passa como se pudesse aparecer um x entre S_1 e S_2, um enigma sobre o desejo do Outro, a partir do funcionamento do analista como semblante de um saber que ele não sabe e que teria como efeito afetar o Outro por uma perda. As duas modalidades sob as quais a adesão ao significante se manifestou, nos enunciados de Christophe – seja o discurso interrompido, seja a petrificação sob significantes traumáticos – são, portanto, pelo menos parcialmente, abaladas por um efeito de corte que permitiu uma certa virada do gozo em saber. A função do semblante seria justamente a de introduzir uma lacuna entre os significantes: lugar da exteriorização possível do objeto. Isso também pôde ser entendido como atualização de um lugar de causa do desejo do Outro para o sujeito, embora seja justamente a impossibilidade de liberar esse lugar que faz problema para o psicótico, inteiramente colado ao significante por falha da função da causa. Ao mesmo tempo, enfatizar a dimensão de semblante do saber introduz a questão da verdade como não-toda, como particular, em oposição ao absoluto do saber do psicótico. É preciso, entretanto, insistir sobre o caráter, ao mesmo tempo parcial e momentâneo do surgimento do saber inconsciente no tratamento de Christophe. Este aparece, no máximo, de maneira fugitiva e evasiva, em meio a enunciados muito mais petrificados.

Contudo, foi através dessa mesma questão de um espaço vazio, de um intervalo entre os significantes, que Christophe prosseguiu sua elaboração, por meio de várias sessões consagradas às cifras. Ele tenta se confrontar com o real da cifra em relação, aliás, com a transferência. Primeiramente, ele passa muito tempo preenchendo folhas de papel com cifras em todas as direções. Ele não pode dar outra explicação a essa atividade compulsiva senão: "Se uma folha está vazia, não podemos fazer nada, é preciso preenchê-la". Em seguida, ele propõe fazer para mim um presente de cifras, depois desenhar para mim todas as cores que podem existir no mundo, e, enfim, desenhar para mim um plano dos planos. Minha pouca disposição em aceitar esse tipo de presente o decepciona muito. Ele prossegue, entretanto, escrevendo uma série de cifras na ordem 1, 2, 3, 4, 5, 6, 7, 8, 9, e acrescentará, diante do 1, um outro 1 idêntico, no lugar onde se esperaria o zero. Ele repetirá várias vezes essa escrita singular de cifras. Como lhe pergunto se sabe o que é o zero, ele me responde: "Quando não há." Para ele, a cifra pode funcionar em relação com a ausência, mas não como elemento a menos em uma série e que, em se excluindo, permitiria fundar o Um contável. Lembremos que cifra é uma palavra derivada do árabe *sifr*, que significa zero ou vazio. E é justamente nessa função de conjunto vazio – espaço de defesa contra o gozo – que Christophe não consegue se localizar. Assim, por não retirar o Um do campo do Outro, ele deve sempre alguma coisa no real.

Chegamos a esse ponto, após oito meses de trabalho, quando foi tomada a decisão de que Christophe fosse para um internato especializado, pela grande dificuldade de seus pais para suportá-lo e por se encontrar excluído da vida escolar. Essa decisão, infelizmente, por dificuldades materiais, causou a interrupção do tratamento. Devemos acreditar, contudo, que Christophe manteve a questão que começou a colocar em sua análise, pois um ano após essa interrupção, seus pais me contataram novamente. Christophe expressou várias vezes o desejo de me rever, e eles estavam dispostos a levá-lo até meu consultório.

Na primeira sessão de sua retomada, surpreendeu-me a regressão aparente de seus sintomas. Ele estava particularmente muito mais calmo, efeito, sem dúvida, do afastamento do gozo familiar. Entretanto, ele retoma sua questão na transferência exatamente no ponto onde a havia deixado um ano antes: "Eu quero uma folha, é preciso preenchê-la com cifras, é isso o que te interessa". Vê-se assim, que, para ele, a implacável exigência do Outro não cedeu quase nada. Podemos pensar, entretanto, que, tentando delimitar a consistência lógica dessa posição, ele explora as condições que podem lhe permitir atenuar as devastações.

CAPÍTULO 13
O AUTISTA, O PSICANALISTA E O PRESIDENTE

O autismo é hoje uma questão cuja aposta deve ser situada inicialmente no plano político. Uma lei lhe foi especialmente consagrada, classificando-o mais do lado da deficiência do que do cuidado. É por esse viés que se introduziu, notadamente na França, uma corrente de pensamento abertamente antipsicanalítica. Esta última pretende que, após décadas durante as quais gerações de autistas e suas famílias foram privadas de bons cuidados, teria chegado a hora de os avanços da ciência e os métodos modernos de reeducação lhes permitirem se integrar na instituição escolar e, depois, no mercado de trabalho. Assim, esses novos promotores da eficácia difundem a ideia segundo a qual a corrente psicanalítica, que por muito tempo foi dominante no campo da saúde mental, teria, sobretudo, trabalhado para culpabilizar as mães, atribuindo-lhes a responsabilidade por todas as patologias infantis.

Ora, a psicanálise, que não situa a causa no Outro, coloca a responsabilidade no lado da posição subjetiva. Isso pode parecer audacioso no que concerne ao sujeito autista, mas ainda assim é a condição para apostar que, dessa própria posição, ele possa construir uma resposta civilizada que lhe permita tratar a parte obscura de seu gozo silencioso.

É aqui que o discurso analítico revela ser a condição para que essa posição seja questionável. Isso pode tomar a forma de um encontro com um psicanalista, mas o que acontece mais frequentemente é a necessidade do suporte de uma instituição para reunir as condições de um possível diálogo. Mais além da oposição estéril entre práticas liberais – que seriam pretensamente as únicas verdadeiramente analíticas – e práticas institucionais, a verdadeira aposta é a de permitir que um diálogo se inicie para inventar uma regulação menos destrutiva do laço com o Outro e com a própria vida.

É por essa razão que escolhi demonstrar os efeitos dessa orientação, dando testemunho, inicialmente, de um trabalho de analista com um jovem autista que recebi no consultório e, em seguida, de minha prática como responsável político, na função de Presidente do Conselho de administração de uma instituição que acolhe sujeitos autistas, o *Centre Thérapeutique et de Recherche de Nonette*.[128]

Um encontro fundamentalmente impossível

Éric tem precisamente dois anos e meio quando sua mãe me pede para atendê-lo. Ele acaba de ser diagnosticado "autista" por uma equipe especializada, que acredita que a psicanálise poderia torná-lo "mais civilizado". Com efeito, Éric ainda não fala, não manifesta quase nenhum interesse por seus semelhantes e, sobretudo, tem crises tão repetidas quanto violentas, sem que se possa determinar o que as causa. Em suma, a vida familiar se tornou infernal. Éric é tirânico tanto com seus irmãos e irmãs, que são bem comportados, como com seus pais, e o ambiente familiar não cessa de se deteriorar.

Éric se apresenta, contudo, como um menininho sorridente e delicado. Sua mãe me sinaliza, no entanto, que ela teve de pedir a um amigo bem corpulento para que os acompanhasse até meu consultório, pois ela temia que, no ônibus, ele fugisse ou agredisse alguém. Quando isso acontecia, ela não conseguia dominá-lo sozinha.

Num primeiro momento, decido receber Éric com sua mãe. Este permanece calmo, colado a ela, mas tão logo ela sai para nos deixar a sós, um tornado parecia ter invadido meu consultório. Ele se precipita sobre as prateleiras da biblioteca e começa, com uma força impressionante, a esvaziá-la completamente. Minhas tentativas para fazer parar esse furor por meio de palavras são em vão, o que me obriga a contê-lo fisicamente para não me deparar com todos os meus livros no chão. Depois dessa primeira sessão, bastante delicada, fico cético quanto à possibilidade de um trabalho pela palavra. Apesar disso, proponho à mãe receber Éric uma segunda vez antes de tomar uma decisão.

O segundo encontro transcorreu em um estilo completamente diferente. Éric não manifesta nenhum desencadeamento de gozo, não manifesta nenhum furor de gozo. Ele se interessa novamente pela biblioteca, mas de uma maneira totalmente apaziguada. Ele passa seu dedo com delicadeza pela lombada dos livros sempre me lançando olhadelas, vigiando minha eventual reação. Concluo que ele elegeu esse objeto, a biblioteca, para debater comigo sobre sua impossibilidade de habitar a linguagem, e me decido a prosseguir o trabalho assim começado.

Durante os dois anos em que veio me ver, ele não falou jamais na linguagem – no sentido de produzir uma cadeia de palavras articuladas –, mas também não cessou de se interessar pelos livros. Esse interesse se manifesta, entre outros, em extrair delicadamente de minha biblioteca os mais belos livros para folhear delicadamente as páginas, acompanhando esse movimento com um cantarolar modulado. Ele acariciava as capas, sobretudo aquelas encadernadas com couro. Enfim, após recolocar cada volume, ele pegava uma folha e um lápis para fazer o desenho do livro. Para isso, ele fazia um quadro com linhas.

A posteriori, considerei aquela primeira sessão com esse jovem autista como uma modalidade muito singular de diálogo com o psicanalista. Tudo estava reunido para que esse encontro fosse impossível: violência do comportamento, ausência de inscrição no registro da palavra... Entretanto, o que reteve minha atenção foi a particularidade e o estilo de sua agressão, que visava apenas aos livros e a nenhum outro objeto do consultório. Seu gesto, que consistia em jogar os livros no chão, deixava aparecer um vazio nas prateleiras tão bem organizadas do Outro. Eu fiz com ele a aposta de que a eleição desse objeto, apreendido no Outro para produzir um vazio, era a condição de um possível tratamento desse gozo tão transbordante.

O que é que se coloca em jogo no encontro com os sujeitos autistas? Sob qual modalidade particular se manifesta o gozo? Um significante sozinho? Um objeto isolado? Alguma outra coisa? E como o parceiro se constitui como lugar de endereçamento desses pequenos nadas? Essa primeira sessão foi seguida de muitas outras, nas quais jamais se manifestou novamente a tendência destrutiva. Dando continuidade com constância ao seu modo de introdução na transferência, esse pequeno sujeito seguiu o fio da letra, ao ponto de, um dia, pegar uma folha e escrever, sem a menor hesitação e para minha grande surpresa, seu nome. Seu outro fio foi a modulação vocal, da qual fez um uso frequente com prazer. Essas práticas levaram a uma pacificação de seu estado, que lhe permitiu se integrar em uma escola maternal (não sem a ajuda de um auxiliar pedagógico), com sua bizarrice, mas nunca pôde entrar na linguagem articulada em que o sujeito, representado por um significante para um outro significante, fica um pouco aliviado do peso do excesso de real da língua.

Foi em favor de uma mudança profissional que, após dois anos de trabalho, os pais de Éric tiveram que interromper nossos encontros.

Uma experiência institucional

O nome Nonette designa uma pequena cidade na região de Auvergne, de trezentos habitantes, situada a quarenta quilômetros ao sul de Clermont-Ferrand. Foi aí que se implantou, há cinco décadas, uma instituição que hoje é conhecida e reconhecida no Campo Freudiano como um local onde se acolhe e se cuida de sujeitos autistas e psicóticos graves, a partir da psicanálise de orientação lacaniana. Devemos ao seu responsável terapêutico, o Dr. Jean-Robert Rabanel, a implementação dessa orientação clínica e terapêutica. No seio dessa instituição, eu ocupo a função de Presidente da associação gestora, ou seja, uma função, antes de tudo, política. Esse enodamento entre o político e o clínico, que faz a especificidade e a originalidade deste projeto institucional, está no próprio princípio da orientação.

Originalmente, o Centro terapêutico e de pesquisa era uma instituição clássica, inscrita nas políticas sociais. Assim sendo, era uma estrutura de acolhimento que respondia à função que Lacan atribui a "toda formação humana [de ter] por essência – e não acidente –, de refrear o gozo".[129] A própria existência da instituição responde, portanto, à necessidade de tratar o real do gozo, que, de outra forma, seria sem freio, ou seja, destrutivo. Nisso, ela é um instrumento de civilização, fundada não sobre um ideal, mas sobre um real, o que lhe permite ter um efeito sobre o gozo.

Como conceber a função de Presidente de uma tal instituição? Cabe a este a responsabilidade política enquanto representante da Associação à qual os poderes públicos concedem uma permissão para gerir os estabelecimentos que ela garante. É a instituição que é proprietária das infraestruturas nas quais é implantada sua atividade; ela tem igualmente a responsabilidade da gestão financeira. Também é a empregadora dos funcionários.

O CTR abriga dois estabelecimentos: um instituto terapêutico, educativo e pedagógico (ITEP), que acolhe crianças a partir de seis anos, e um lar ocupacional para adultos, com uma parte medicalizada, o conjunto abrigando quarenta e quatro leitos. As instalações, recentemente construídas, se situam no limite da cidade, após ter estado anteriormente no seu centro, em um castelo situado em frente à igreja, por mais de trinta anos. Há pouco, o poder público decidiu nos confiar uma licença para mais vinte leitos suplementares, com o financiamento para a construção de novos prédios.

É claro que, quando apresentamos relatórios para uma licença junto ao poder público, incluímos a dimensão da orientação terapêutica em jogo. É esse conjunto que é aceito pelo poder público.

O princípio dessa instituição é acolher os sujeitos mais excluídos. Com efeito, são sujeitos – tanto as crianças quanto os adultos – que conheceram a exclusão, não somente dos círculos clássicos – da família, da escola, do trabalho –, mas igualmente da instituição psiquiátrica. Frequentemente, as crianças são encaminhadas aos setores psiquiátricos, quando estes consideram não poder fazer grande coisa por elas. Assim, consideramos esse acolhimento como sobressaindo de uma escolha que assumimos. A exclusão da qual esses sujeitos são vítimas não é sem ligação com a gravidade das patologias pelas quais são afetados: autismo grave, psicoses "deficitárias" (esse qualificativo sendo colocado entre aspas, para indicar o impensável de uma inserção social qualquer). Esses sujeitos também são frequentemente excluídos dos laços familiares mais clássicos, tanto por razões relativas à estrutura social (desagregação da família tradicional, etc.) como por razões ligadas às suas patologias. Na vida cotidiana, os sintomas que eles apresentam são dificilmente suportáveis, o que os faz serem percebidos pelo seu entorno mais como tiranos do que como vítimas.

Assim, essa instituição não se inscreve verdadeiramente na perspectiva do que é prescrito em matéria de luta contra a exclusão. Isolada no campo, ela não está de fato inserida no tecido social, a licença preconiza uma responsabilização permanente, vinte e quatro horas por dia, trezentos e sessenta e cinco dias por ano; por toda a vida, se necessário, pois não há nenhum limite de idade. Em outras palavras, temos aí todos os critérios que definem uma internação no sentido clássico e que correspondem à ideia comum da exclusão. Isso é algo que devemos avaliar, pois é a partir dessas condições de existência que consideramos nosso trabalho junto a esses sujeitos. É, com efeito, crucial apreender que a luta contra a exclusão necessita da existência de asilos. Há aí um paradoxo que sustentamos para considerar nossa ação a partir da desagregação. Os locais asilares, no sentido mais nobre do termo, devem existir para circunscrever em alguma parte a patologia e considerar a construção de um laço com o Outro, a partir da exterioridade. É necessário dizer que, onde essa concepção foi abandonada, temos que lidar com uma situação verdadeiramente catastrófica. Conheço bem a Itália, onde frequentemente vou trabalhar. Deve-se saber que lá a psiquiatria pública – e todas as instituições do tipo asilar – conheceu uma lenta e inexorável destruição. Isso produziu uma multiplicação de sujeitos errantes pelas ruas. Na França temos igualmente que enfrentar esse fenômeno, ainda que seja de maneira menos marcante. Hoje, na Itália, as instituições privadas ou as comunidades religiosas pegaram o bastão, acolhendo a loucura. Na oportunidade de fazer uma Apresentação de Pacientes em uma instituição para crianças, fiquei um pouco surpreso ao constatar que toda a primeira fila do público era constituída de religiosos vestidos com o hábito. Posso testemunhar que essas pessoas têm uma notável sensibilidade clínica, diante dos casos que elas acolhem. Essa foi, a meu ver, uma lição para a psiquiatria pública, que não deve deixar cair essa dimensão da experiência do compartilhamento da vida com os loucos. Nossa responsabilidade, então, é de ressituar primeiramente o asilo como condição necessária para que o sujeito possa viver ao abrigo de um certo gozo. Hoje, infelizmente, vemos cada vez mais sujeitos psicóticos vagando pelas ruas – sem domicílio fixo – ou mesmo indo parar na prisão. Trata-se certamente de um asilo, mas não é, de jeito nenhum, o que nós preconizamos. Assim, devemos precisar, no que concerne às crianças, que fomos forçados, ao longo dos anos, a renunciar a qualquer escolarização exterior. No presente, nos beneficiamos de uma escola no interior da instituição, aprovada pela Educação nacional, mas o que se faz na única classe não se assemelha ao que se faz comumente. O que conta, contudo, é a presença da inscrição "Escola".

De uma lógica à obra

Para sustentar a lógica que precede essa experiência, parece importante lembrar o que preconiza Jacques Lacan na sua famosa "Alocução sobre as psicoses da infância":[130] para estar junto, de certa maneira, é necessário estar separado. Como entender o sentido desse "estar junto"? Isso remete à questão: "o que é uma comunidade?" e a esta outra, "o que é o laço social?". Um laço social só é possível quando os sujeitos estão separados uns dos outros. Para o sujeito neurótico, o que produz esse efeito de separação é a construção subjetiva, o fantasma pessoal. O fantasma é, com efeito, uma construção tendo como função, ao mesmo tempo, nos ligar e nos separar do Outro. Para isso, ele lança um véu sobre o real do encontro, introduzindo certo modo de semblantes. É, então, ao preço de um recalcamento do real que se institui, para o neurótico, um laço social. Na estrutura do discurso, é possível defini-lo assim: é porque há o impossível que há o laço. Ou seja, de maneira mais radical, pode-se afirmar, com Lacan, "Não há relação sexual", há apenas relações sexuais. O que não é a mesma coisa! É justamente porque não há relação que há tantas relações.

O nome que nós mesmos escolhemos para nosso centro é: Centre Thérapeutique et de Recherche de Nonette. É uma auto-nomeação. O nome que o Outro nos atribui é diferente: ITEP, Foyer Ocupacional, etc. Nossa política consiste, então, em nos inscrevermos no Outro, seja este social ou político, mas afirmando nossa vontade de não nos reduzirmos a isso, a fim de fazer subsistir nossa singularidade. Nós fazemos essa aposta de manter essa tensão para prosseguir nossa orientação tanto na vertente terapêutica quanto na vertente da pesquisa. Essa ambição terapêutica, endereçando-se aos sujeitos que mais se encontram sem recursos, não pode ser entendida no sentido do discurso do mestre, que só conhece a eficácia. Nós não visamos à reinserção social, no sentido da normalização. Podemos até afirmar que para nenhum sujeito que acolhemos será possível integrar a sociedade sob esse modo. É por isso que se torna ainda mais essencial afirmar a dimensão terapêutica. O que equivale a dizer que nós podemos ter uma ação junto a esses sujeitos que, por certo, não lhes permitirá nenhuma reinserção clássica, mas que, em compensação, permitirá talvez, no um por um, uma limitação da angústia, do sofrimento, da violência, do ódio e da destruição que caracteriza muitos deles. Indicamos, então, ao mestre de nossa época, que isso tem um preço.

Com efeito, essa dimensão terapêutica não parece flagrante para todo mundo e acontece, às vezes, de ouvirmos certas pessoas afirmarem que poderíamos nos limitar a ser unicamente uma instituição de acolhimento, sem dimensão terapêutica, pois sabe-se que não vai ser possível "curá-los" de sua doença, e que é, por conseguinte, sem dúvida, inútil investir tanto em tais sujeitos, se se sabe que não poderemos obter esse resultado. Por isso é essencial não ceder. E isso passa claramente pela afirmação da necessidade de ter recurso a um pessoal qualificado, formado e reconhecido.

Quanto à dimensão de pesquisa, não a consideramos do ponto de vista do domínio da coisa. A psicanálise não pretende triunfar sobre a psicose nem sobre o autismo. Trata-se, ao contrário, de nos colocar em posição de pesquisa, ou seja, de considerar que o saber está diante de nós, por vir. De fato, o saber se deduz da própria experiência, em vez de preexistir a ela. Isso permite à equipe trabalhar de uma maneira menos mórbida, já que sabe que tem um saber para produzir, e não para se acomodar sobre ele. Isso é homólogo à patologia dos sujeitos, pois partimos da suposição de que o psicótico ou o autista não tem apenas uma dimensão deficitária, mas tem também uma dimensão criativa e uma capacidade de produzir o novo.

Face ao discurso da incapacidade, no qual nos encontramos presos, mostra-se necessário demonstrar que a dimensão subjetiva não é equivalente à noção de déficit, noção esta que secreta segregação. Oferecemos ao sujeito a possibilidade de se dar conta de sua posição e, mesmo, de sua "escolha". É por isso que é essencial para nós que esses sujeitos, apresentando tais patologias, tenham a possibilidade de encontrar um analista, mesmo se isso não corresponda totalmente à ideia que temos do paciente clássico do imaginário freudiano, sujeito burguês e neurótico.

Enodar clínica e política

Para ilustrar concretamente o enodamento entre clínica e política, tomarei o exemplo do que implementamos no projeto arquitetônico, que serviu de base para a construção dos novos edifícios nos quais se situa a instituição. A arquitetura de Nonette é inicialmente um centro delimitado por muros, como toda instituição, que se compõe de dez prédios; terá em breve quatro novos prédios para a extensão. Mas o que caracteriza o conjunto é justamente que ele não é organizado a partir de um ponto central. Os edifícios estão dispersos. Isso responde a uma vontade de não colocar em jogo a ordem sob a forma de uma organização única. Face à concepção de uma organização centralizada, nós adotamos a fragmentação. Assim, não há o prédio da direção no centro do dispositivo, cujo objetivo seria o de dirigir, comandar, controlar, observar, segundo o ponto de vista onisciente que preside a organização das instituições concebidas pelo modelo do panóptico, de Jeremy Bentham. Aqui, a ausência de centro visa à inexistência do comando, o do significante S_1, que dirige. Do mesmo modo, não há uniformidade no interior dos locais. Os quartos, por exemplo, são todos diferentes, a cor das paredes não é a mesma de acordo com as unidades. Evidentemente, tivemos que respeitar as normas de construção impostas pela lei, como a dimensão dos quartos, diferente para crianças e adultos, bem como as normas de segurança que são estritas. Aderimos às normas, exceto nos quartos, que construímos um pouco irregulares, tortos, não quadrados. Nenhum é igual ao vizinho, nenhum tem uma forma ideal. Produzimos, assim, uma distorção sobre o significante do Outro, de maneira que o residente possa se apropriar, de uma forma singular, do espaço que lhe oferecemos.

É nessa dialética entre a norma e o singular que reside a necessidade de pensar uma política que, estando no campo da psicanálise, leva em conta o discurso do mestre de nossa época. Reduzimos, o máximo possível, as linhas retas e introduzimos as curvas um pouco por todo lado. No cotidiano, isso demonstra sua pertinência quando observamos tal sujeito utilizar as curvas para se esconder ou se proteger da intrusão do olhar do Outro. Essa função de se colocar ao abrigo do gozo deve ser entendida como um abrigar-se de nosso próprio olhar. A introdução de cores vivas – que não é frequente em uma instituição desse gênero – testemunha também uma preocupação estética.

No campo médico-social, o discurso que prevalece comporta uma mutação radical. Se, em tempos atrás, ele era produzido pelos ideais educativos e terapêuticos, hoje, ele é governado por uma lógica da cifra e da contabilidade. A cultura do resultado atingiu o setor social. E nós mesmos não podemos escapar, nos exonerar disso. Além disso, nos inscrevemos nessa perspectiva. É, aliás, interessante lembrar que, em sua criação, meio século atrás, nossa instituição foi o produto de dois discursos: de um lado, a ideologia comunista, de outro, a humanismo cristão. Esse misto sempre esteve na origem de muitas instituições no campo médico e social na França. Isso se deve ao fato de o Estado ter confiado ao setor privado muitas de suas competências, justamente porque havia aí um dinamismo e desejos decididos. Em Nonette, essa mistura prevaleceu até o momento em que eu assumi a presidência, há doze anos. A partir daí, a psicanálise se tornou a única referência.

Dirigir com a psicanálise?

Contudo, colocar a psicanálise como essencial em uma instituição não é tão simples. Com efeito, nosso peso político e econômico é bem fraco. Mas é justamente aí que também reside nossa força. A Associação de Gestão do Centre Thérapeutique et de Recherche de Nonette, que eu presido, está reduzida a nove membros. É difícil torná-la mais leve. É ainda mais audacioso no momento atual, em que o discurso que prevalece – e que se pretende moderno – é o da extinção das pequenas instituições. A palavra de ordem é o reagrupamento. E nesse setor lidamos, na maior parte do tempo, com associações muito poderosas, que gerenciam dezenas e, mesmo, centenas de instituições. Seria preciso, então, que as pequenas se reagrupassem com as grandes e formassem grandes conjuntos, por questões de racionalização, de gestão, de mutualização de meios financeiros. Mas nossa resposta aqui é muito clara: *small is beautiful*.[131] *Small is beautiful...*, por certo, mas à condição de que o *small* seja encarnado por algum desejo.

Nossa política mostra que o desejo de alguns – se ele pode ser ouvido pelo Outro, se ele franqueia a barreira do entre-si – tem a capacidade de sustentar projetos complexos, tais como esse. Nossa associação é dirigida principalmente por psicanalistas membros da Escola da Causa Freudiana ou da Associação da Causa Freudiana, e acrescida por alguns outros. Não estamos sós. No conselho de administração há um representante da ADAPEI,[132] um representante dos pais das crianças autistas, um representante do setor psiquiátrico, um diretor do centro de formação de assistentes sociais, e convidamos para todas as reuniões os representantes dos tutores, assim como os representantes dos eleitos locais e regionais. Os últimos vêm regularmente discutir conosco nossos avanços e problemas. Nós damos muita importância ao fato de nossos debates serem colocados a céu aberto; nisso reside a nossa modalidade antissegregativa em relação à psicanálise. Em outras palavras, a psicanálise, no âmbito de seu encontro com o discurso do mestre, não deve opor seu significante ao do mestre. Contra o S_1 da cifra, não podemos opor o S_1 "psicanálise". Como consequência, aplicamos os cálculos do Outro, aplicamos todas as regras que ele nos dita e todos os procedimentos. Nesse quesito, nossa política se parece com aquela que Éric Laurent enunciou com justeza a respeito da aprovação obtida pela Escola da Causa Freudiana como organização não governamental pela ONU, após o reconhecimento de utilidade pública pelo Estado francês: "Nós aplicamos", dizia ele, "todos os procedimentos para fazer entender que há alguma coisa mais-além dos procedimentos". Trata-se, para nós, de ter uma prática da linguagem do Outro, mas também de seu mais-além.

Concretamente, isso se traduz, entre outras coisas, por uma gestão estrita, sem déficit orçamentário. Uma vez que o mestre de nossa época conhece apenas as cifras e o equilíbrio econômico, nós lhe damos isso, para satisfazê-lo, mas o que conta, antes de tudo, é fazer entender que, mais-além há uma coisinha qualquer que se chama a clínica, o sofrimento, o gozo.

Em 1972, após uma conferência proferida em Milão, Lacan dá uma preciosa indicação a propósito do uso do discurso analítico: "O que se deve fazer", disse ele, "é conseguir tornar o discurso do mestre algo menos primário, torná-lo menos tolo".[133] Parece que estamos nos dedicando seriamente para tornar menos primário o discurso do mestre, quer dizer, proceder de tal maneira que ele seja menos obcecado pelo cálculo e pela generalização, a fim de que possa levar em consideração a dimensão da singularidade. Parece que, às vezes, nós conseguimos.

Inventar um laço social

Essa instituição, que é única, consegue, de fato, produzir laço social. O que é ainda mais notável é que ela não se apoia, para tal, sobre a linguagem como estrutura, na medida em que ela não visa a produzir sentido a partir da articulação significante. A maioria dos sujeitos que acolhemos não falam, ou, se falam, é fora da linguagem. Eles podem gritar, vociferar, produzir significantes isolados. O fato de não poderem articular vários significantes assinala que eles não têm acesso à estrutura da linguagem. É por essa razão que devemos conceber um laço social que leve em conta esse dado fundamental. Assim, devemos nos fiar no que eles mesmos são obrigados a inventar, para compensar essa falha estrutural, para além do sentido que a articulação libera. Essas soluções singulares não correspondem tão pouco às normas editadas pelo Outro: aquelas da adaptação, da reeducação, que regem cada vez mais as lógicas da responsabilidade moral e material do autismo. Nós tentamos, portanto, sustentar a produção dos sujeitos psicóticos e autistas, mais além do déficit, para divulgá-la tanto dentro quanto fora da instituição, bem como na sociedade. No ano passado, por exemplo, organizamos, com os escritórios da HLM[134] da região, uma exposição de artistas de Nonette, na cidade, que teve um grande sucesso. Tratava-se de colocar em destaque, de mostrar, as produções verdadeiramente artísticas. O que apareceu foi que estávamos lidando com artistas, e não somente com autistas. Naquele ano inauguramos um outro tipo de trabalho, que se traduziu por uma representação teatral na Maison da Culture de Clermont-Ferrand. A Compagnie des Chuchoteurs é uma trupe de teatro composta por jovens da instituição que têm, certamente, uma relação com a palavra muito limitada, mas uma relação com a voz muito desenvolvida. O desafio desses momentos excepcionais é transmitir como é possível produzir alguma coisa de coletivo, considerando os outros. No caso da peça de teatro, isso se faz a partir de uma modulação da voz. O efeito produzido no público – que jamais tinha ouvido uma companhia desse gênero – foi sensacional. Tivemos retornos dando testemunho de que nesses murmúrios eles tiveram outra coisa, que não o déficit. Nossa responsabilidade política se situa exatamente nesse ponto, permitindo fazer escutar que o sujeito autista ou psicótico presentifica alguma coisa que está no coração de cada um de nós.

Um banquete muito especial

O banquete de que se trata aqui não é exatamente aquele de Platão, no qual as pessoas fazem belos discursos sobre o amor, pois não é disso que os sujeitos que acolhemos são capazes. Entretanto, o termo banquete surgiu como uma evidência para designar uma experiência que me aconteceu vivenciar.

Aconteceu na instituição, por ocasião da festa de Natal. Enquanto presidente, às vezes venho compartilhar esse momento convivial que reúne os moradores, a equipe e convidados para um brinde, com tortas, petiscos, etc. Não é sem nenhuma apreensão que devo pronunciar um pequeno discurso diante dessa assembleia tão díspar! Com efeito, esse momento inscrito na tradição expõe cada um com sua própria relação ao objeto oral. Por isso, esse momento se configura, na realidade, como uma prova que, no plano coletivo, não é fácil de superar. Podemos, então, esperar algumas catástrofes...

De minha parte, previ que meu discurso ia ser um pouco perturbado. E para minha grande surpresa, tudo se passou na maior tranquilidade. Fiquei aliás um pouco siderado, dado que a patologia dos sujeitos os leva preferencialmente a curto-circuitar a relação com o objeto oral, por exemplo, precipitando-se sobre os petiscos, sem o recurso ao simbólico que lhes permitiria esperar, adiar. Não somente eles se comportaram bem, como não interromperam meu discurso, apenas dois ou três gritos no vazio, para pontuá-lo. Em seguida, eles deram mostras de estar em seu melhor dia, fazendo até mesmo circular os petiscos para servir os convidados.

Essa experiência me tocou muito. Ofereceu-me também ocasião para uma reflexão a posteriori. Tiramos dela uma lição que nomeamos "O Banquete de Nonette". O que caracteriza nossa obra de civilização é a possibilidade desse nó, no laço social, entre o objeto da pulsão e o encontro com o Outro. No nível político, é um sinal de que o tratamento do gozo pode ser feito de uma outra maneira, distinta daquela das regras, ditadas pelo Outro do interdito ou do enquadre, como se pensa geralmente. É por isso que prestamos a maior atenção na maneira como cada um se vira com seu objeto. Esse é o traço antissegregativo de nossa prática: produzir um novo enodamento entre o objeto e o Outro.

Aliás, sempre me lembrarei da observação que fez um representante da DDASS, que estava presente nesse Natal: "Definitivamente, seus moradores se comportam melhor diante do buffet que muitas pessoas normais". Bela pontuação, não?

CONCLUSÃO

Partimos de uma ideia imposta que condensa os preconceitos que inevitavelmente acompanham a psicanálise: é uma prática para os neuróticos (modelo de Viena 1900, de preferência, para marcar bem seu anacronismo); mas, para as patologias verdadeiramente sérias como as psicoses, é uma associação entre cientificismo e política de segurança o que convém; e mesmo no campo psicanalítico, a prática com os psicóticos não era considerada possível, a não ser mediante modificações técnicas, que faziam dela quase uma subdisciplina. Parece-nos, hoje, que os ensinamentos extraídos do encontro entre psicanalista e psicótico mostram o caráter incontestável do efeito sujeito (ou seja, a capacidade de responder sobre o seu gozo pela palavra), mas, também, que podemos nos instruir sobre isso para o conjunto da prática analítica hoje.

Como não ver a modernidade da questão colocada por esses sujeitos? Como se virar com o corpo e o laço com o Outro, quando o apoio do sentido falha? Esse é bem o problema de nossa época: aquilo que acreditávamos manter os sujeitos juntos mostra sua inconsistência e, mesmo, sua inexistência.

Então, restam alguns esparsos com seus gozos que mais embaraçam que apaziguam. Essa solidão pode ser aquela do paranoico, contra todos; do esquizofrênico, com seu significante sem par; do autista, com seu objeto em circuito fechado; mas ela é, mais radicalmente, aquela do sujeito moderno, órfão da bússola do Outro e do Pai.

Em comparação com essa nova condição, é a solução neurótica (a falta, o desejo, o amor do Pai) que parece pouco consistente para tratar o sintoma contemporâneo. O cerne da questão incide diretamente sobre o gozo, seja este no corpo ou na língua. E a análise se apresenta como um modo de tratamento pela fala que implica, portanto, primeiramente, uma perda de gozo, que não visa a falta em si, mas um novo modo de satisfação que implique que o Um do sujeito seja aberto para deixar um lugar para o laço com o Outro e uma nova satisfação. Esse termo deve ser entendido como algo que coloca no centro o "suficiente" que o constitui e marca uma parada sobre a inclinação à pulsão de morte que as patologias modernas mostram com tanta evidência. A solução psicótica pelo sintoma – sempre um pouco estranha, singular e frequentemente frágil – tem seu peso de real e vale também para cada um; ela pode ser o efeito do encontro com o analista, que, por meio dessa bizarra conversação, permite um certo transplante da língua privada para a língua comum. Desde então, pode-se dizer, não que o sujeito saia da sua solidão, mas que essa solidão não é sem Outro.

POSFÁCIO
NÃO RECUAR
Jean-Robert Rabanel[135]

Eis um livro que tira as consequências do discurso analítico sobre a psicose, afirmando que a causa não é externa. A causa é interna ao falasser, àquele que, neurótico, fala na linguagem, ou que, psicótico, fala na *lalíngua*. Está aí o real com o qual cada sujeito tem que lidar. Nem familiares, nem sociais, nem profissionais, as causas estão ligadas ao encontro contingente com a língua.

Este livro dá testemunho do trabalho estritamente privado do analista, que, não recuando diante da psicose, recebe psicóticos em seu consultório. É uma experiência original, guiada pelo único cuidado de ouvir e se deixar guiar pelos pacientes em sua relação singular com a língua. Isso desembocou em uma galeria de retratos, todos diferentes uns dos outros, mas, em cada um dos casos, é a submissão do analista às sutis invenções do falasser que prevaleçam; ele as recolhe com fineza, como se fossem pérolas raras.

No momento que fechei esse livro, me perguntei: qual ideia o leitor vai fazer dele? Imagino-o surpreso, por não esperar o que ele propõe. Surpreso pela série de retratos, tão diferentes uns dos outros, mas que apresentam sujeitos animados por uma vontade bem aguerrida. Surpreso pelo analista, o qual não imaginava que fosse assim, tão simples e único ao mesmo tempo.

O ensino que Jacques Borie nos transmite com humildade é sua aplicação em assumir a posição de analista, acolhendo o sujeito como este se apresenta, tornando-se nessa função um servidor da psicanálise como experiência subjetiva singular, imprevisível.

Trata-se de um livro raro; não é com frequência que encontramos similar testemunho da prática de um psicanalista, em que assumir riscos é o fio condutor. Aborda o desejo do analista e suas consequências. As que Jacques Borie tira são dignas de elogio por suas qualidades de praticante junto a sujeitos psicóticos no consultório privado do psicanalista. A ideia não estava assegurada, para Freud, de que a psicanálise poderia vir em socorro na psicose. Foram necessárias as iniciativas de Melanie Klein inicialmente, e de Jacques Lacan, em seguida, para tornar o domínio praticável.

O interesse maior da obra reside na originalidade e na audácia da prática clínica. Aqui, o analista se mostra preocupado em se manter no respeito a uma prática que o ultrapassa radicalmente sem, no entanto, perder o objetivo da transmissão. É possível perceber uma prática esclarecida pela psicanálise, sua referência à clínica, sua concepção da teoria como "a ferramenta do clínico" – cara a Michel Silvestre –, assim como sua preocupação com a transmissão e com o laço dos analistas entre eles. Demonstra-se, em ato, que há uma clínica psicanalítica das psicoses, e que essa clínica é construída a partir da aplicação, no campo da psicose, das categorias analíticas provenientes da análise das neuroses. Não é nada menos que a aplicação da resposta de Lacan a Jacques-Alain Miller, que, em 1976, por ocasião da abertura da Seção Clínica de Paris,[136] lhe perguntou se as categorias válidas para as neuroses também o eram para as psicoses.

A clínica psicanalítica das psicoses sobressai da ética da psicanálise. "A psicose é isso diante de que um analista não deve recuar em hipótese alguma",[137] dizia Jacques Lacan. É preciso reconhecer que Jacques Borie soube levar essa indicação às últimas consequências. Ele nos faz a demonstração disso.

Assim, este livro é um prolongamento direto de três grandes conversações das Seções Clínicas – *O Conciliábulo de Angers*,[138] em 1996, *A Conversação de Arcachon*,[139] em 1997, e *A Convenção de Antibes*,[140] em 1998 –, inevitáveis para quem quer saber algo sobre o trabalho da Escola da Causa Freudiana sobre as psicoses. A consideração do gozo – tanto no nível clínico quanto no que concerne ao tratamento –, para apreender a psicose, é a resposta do discurso analítico à psiquiatria e seu organicismo causal.

Um outro ensino concerne à interpretação. Para Lacan, não se interpreta o pai. Não se interpreta o pai, pois é ele a interpretação, ele é o princípio da interpretação. A interpretação está no nome do pai. Para os sujeitos psicóticos apresentados aqui, não se trata de interpretar o nome do pai, pois eles não fizeram a escolha de se servir do pai como semblante. Na falha disso, a interpretação deve ser concebida a partir do objeto pequeno *a* – que o psicótico tem "no bolso", como diz Lacan, e que faz dele um sujeito desarrimado da cadeia significante, um sujeito livre, fadado à passagem ao ato –, para o tratamento do gozo, fadado à invenção no trabalho de *lalíngua*.

Isso aproxima estranhamente a prática com os sujeitos psicóticos e o fim do tratamento dos neuróticos. Assim, esclarece a própria psicanálise. O resultado da análise é precisamente a produção de um significante S_1 sozinho, disjunto do saber; um tipo de esquizofrenia, portanto, com a produção de elementos isolados, pequenos amontoados, pedacinhos, uma dificuldade da associação. É uma prática analítica que se caracteriza mais pelo manejo da letra – quer dizer algo que não é significante –, como indicou Jacques-Alain Miller.

Mas essa galeria ganha uma dimensão outra com o último texto, que coloca em evidência o coletivo e a questão de como fazer com esses sujeitos que não podem viver sem o socorro de um discurso estabelecido. É a preocupação política que, na função de responsável terapêutico do CTR de Nonette, me conduziu a evocar o camarada, o amigo Jacques Borie, para dizer, por seu engajamento no projeto institucional de Nonette, e enquanto Presidente da associação de gestão do Centro, dizer como ele sabe dar seu tempo, dedicar-se aos mais vulneráveis de nossos semelhantes, a fim de permitir que a orientação que promovi há quarenta anos tenha prosseguimento.

REFERÊNCIAS BIBLIOGRÁFICAS

FREUD, S. Notas psicanalíticas sobre um relato autobiográfico de paranoia (*dementia paranoides*) (O Caso Schreber). In: *Edição Standard das Obras Completas de Sigmund Freud*. Tradução de Jayme Salomão. Rio de Janeiro: Imago, 1969, Vol. XII, p. 15-89. (Trabalho original publicado em 1911).

FREUD, S. Sobre o narcisismo: uma introdução. In: *Edição Standard das Obras Completas de Sigmund Freud*. Tradução de Jayme Salomão. Rio de Janeiro: Imago, Vol. XIV, 1974, p. 81-108. (Trabalho original publicado em 1914).

FREUD, S. Lettre de Freud adressée à C.-G. Jung le octobre 1908. In: *Correspondance avec Carl Jung*, Tome 1. Paris: Gallimard, 1975.

FREUD, S. A perda da realidade na neurose e na psicose. In: *Edição Standard das Obras Completas de Sigmund Freud*. Tradução de Jayme Salomão. Rio de Janeiro: Imago, Vol. XIX, 1976, p. 227-230. (Trabalho original publicado em 1924).

LACAN, J. *Petit discours aux psychiatres de Sainte-Anne*. Paris, 1967. (Inédito). Disponível em: https://ecole-lacanienne.net/wp-content/uploads/2016/04/1967-11-10.pdf. Acesso em: 18 nov. 2023.

LACAN, J. Conférence à Genève sur le symptôme. *Le Bloc-notes de la psychanalyse*, n. 5, 1975.

LACAN, J. Ouverture de la Section Clinique. *Ornicar?*, n. 9, p. 7-14, 1977.

LACAN, J. *O Seminário, livro 3*: As psicoses. Texto estabelecido por Jacques-Alain Miller. Rio de Janeiro: Jorge Zahar Ed., 1985. (Trabalho original proferido em 1955-56).

LACAN, J. De uma questão preliminar a todo tratamento possível da psicose. In: *Escritos*. Tradução de Vera Ribeiro. Rio de Janeiro: Jorge Zahar Ed., 1998, p. 537-590. (Trabalho original proferido em 1957-58).

LACAN, J. Apresentação das *"Memórias de um doente de nervos". In: Outros escritos*. Tradução de Vera Ribeiro. Rio de Janeiro: Jorge Zahar Ed., 2003, p. 219-223. (Trabalho original publicado em 1966).

LACAN, J. Alocução sobre as psicoses da criança. *In: Outros escritos.* Tradução de Vera Ribeiro. Rio de Janeiro: Jorge Zahar Ed., 2003, p. 359-368. (Trabalho original proferido em 1967).

LACAN, J. O aturdito. In: *Outros Escritos*. Rio de Janeiro: Jorge Zahar Ed., 2003, p. 488-497. (Trabalho original publicado em 1973).

LACAN, J. *O Seminário, livro 23*: O sinthoma. Texto estabelecido por Jacques-Alain Miller. Tradução de Sérgio Laia. Rio de Janeiro: Jorge Zahar Ed., 2007. (Trabalho original proferido em 1975-76).

LACAN, J. *Da psicose paranoica em suas relações com a personalidade*. 2. ed. Tradução de Aluísio Menezes, Marco Antônio Coutinho Jorge e Potiguara Mendes Silveira Jr. Rio de Janeiro: Forense-Universitária, 2011. (Trabalho original publicado em 1932).

MILLER, J.-A. Produire le sujet?. *Actes de l'École de la Cause freudienne*, n. 4, mai. 1983.

MILLER, J-A. Schizophrénie et paranöia. *Quarto*, n. 10, p. 18-38, fev. 1983.

MILLER, J.-A. Sur la leçon des psychoses. *Actes de l'École de la Cause freudienne*, n. 13, jun. 1987.

MILLER, J-A. La Psychose dans le texte de Lacan. *Analytica*, n. 58, p. 131-141, 1989.

MILLER, J.-A. Lacan et psychoses. *Praxis – Section clinique d'Aix-Marseille*, 1998.

MILLER, J.-A. Clínica irônica. In: *Matemas I*. Tradução de Sérgio Laia. Rio de Janeiro: Jorge Zahar Ed., 1996, p. 190-199.

MILLER, J.-A. Efeito do retorno à psicose ordinária. In: BATISTA, M. do C. D.; LAIA, S. (Orgs.). *A psicose ordinária*: A Convenção de Antibes. Tradução de José Luiz Gaglianoni et al. Belo Horizonte: Scriptum Livros/Escola Brasileira de Psicanálise, 2012, p. 399-428. (Trabalho original proferido em 2008).

OUTROS AUTORES DO CAMPO FREUDIANO

BRIOLE, G. L'Effet de formation dans la présentation de malades. *La Cause freudienne*, n. 52, p. 115-119, nov. 2002.

Coletivo: *Le Conciliabule d'Angers: effets de surprise dans les psychoses*. Paris: Agalma Éditeur (Le Paon), 1997.

Coletivo: *La conversation d'Arcachon – Cas rares: les inclassables de la clinique*. Paris: Agalma (Le Paon), 2005.

Coletivo: *La Psychose ordinaire: La convention d'Antibes*. Paris: Agalma (Le Paon), 1999.

LAURENT. É. Le Transfert délirant. *Actes de l'École de la Cause freudienne*, n. 4, mai. 1983.

LAURENT. É. La psychose: act et répétition". *Actes de l'École de la Cause freudienne*, nº 12, junho 1987.

LAURENT. É. Des psychoses en analyse? Cinq questions. *Quarto*, n. 11, mar. 1983.

LAURENT. É. Les Limites de la psychose. *Quarto*, n. 27, p. 33-35, jun. 1987.

LAURENT. É. Discipline de l'entretien avec un sujet psychotique. *Quarto*, n. 28/29, out. 1987.

LAURENT. É. Le Psychotique écrit. *La Cause freudienne*, n. 23, p. 3-4, fev. 1993.

LAURENT. É. Déficit ou énigme. *Analytica*, n. 58, p. 113-121, 1989.

MALEVAL, J.-C. *Logique du délire*. Paris: Masson, 2000.

MÉNARD, A. *Voyage au pays des psychoses*. Nîmes: Champ Social Éditions, 2008.

NAVEAU. P. *Les psychoses et le lien social: le nœud défait*. Paris: Anthropos, 2004.

RABANEL, J.-R. La sortie de l'autisme par le dialogue. *La Petit Girafe*, n. 27, 2008.

SILVESTRE, M. Une analyse de psychotique: que peut-on espérer? *Quarto*, n. 10, p. 32-41, fev. 1983.

OUTROS AUTORES

DEUTSCH, H. Aspects cliniques et théoriques des personnalités "comme si". In: *Les "comme si" et autres textes*. Paris: Seuil, 2007.

FEDEM, P. *La psychologie du moi et les psychoses*. Paris: PUF, 1973.

GLOVER, E. *Technique de la psychanalyse*. Paris: PUF, 1958.
PANKOV, G. *L'Homme et sa psychose*. Paris: Aubier-Montaigne, 1969.
PANKOV, G. *25 Années de la psychothérapie analytique des psychoses*. Paris: Aubier-Montaigne, 1984.
ROSENFELD, D. *L'Âme, le psychisme et le psychanalyste: la mise en place du cadre psychanalytique avec des patients qui présentent des troubles psychotiques*. Larmor-Plage: Éditions Hublot, 2010.
ROSENFELD, D. *Traitement au long cours des états psychotiques*. Toulouse: Privat, 1974.
ROSENFELD, D. *États psychotiques*: essais psychanalytiques. Paris: PUF, 1976.
SEARLES, H. *L'Effort pour rendre l'autre fou*. Paris: Gallimard, 1977.
SECHEHAYE, M. *Journal d'une schizophrène*. Paris: PUF, 2003.
SEGAL, H. Une approche psychanalytique du traitement des psychoses. In: *Délire et créativité*. Paris: Éditions Des Femmes, 1987.

NOTAS

1. Psicanalista, membro da École de la Cause Freudienne (ECF), da New Lacanian School (NLS) e da Associação Mundial de Psicanálise (AMP). Professor da Faculdade de Medicina de Genebra e chefe do Serviço de Psiquiatria da Criança e do Adolescente no Hospital Universitário de Genebra.
2. GOFFMAN, E. *Manicômios, prisões e conventos*. São Paulo: Editora Perspectiva, 1974. (Coleção Debates). p. 11.
3. MILLER, J.-A. Uma fantasia. *Opção Lacaniana. Revista Brasileira Internacional de Psicanálise*, n. 42, p. 7-18, fev. 2005. p. 9.
4. LACAN, J. *O Seminário, livro 3*: As psicoses. Texto estabelecido por Jacques-Alain Miller. Rio de Janeiro: Jorge Zahar Ed., 1985. (Trabalho original proferido em 1955-56). p. 153.
5. LACAN, J. Transfert à Saint Denis? Journal de Ornicar?. Lacan pour Vincennes!. *Ornicar?*, n. 17-18, 1979. (Trabalho original redigido em 1978). p. 278.
6. "Assim, longe de a loucura ser um fato contingente das fragilidades de seu organismo, ela é a virtualidade permanente de uma falha aberta em sua essência". Cf.: LACAN, J. Formulações sobre a causalidade psíquica. In: *Escritos*. Rio de Janeiro: Jorge Zahar Ed., 1998. (Trabalho original proferido em 1946). p. 177.
7. LACAN, J. *Petit discours aux psychiatres de Sainte-Anne*. Paris, 1967. (Inédito).
8. LACAN, J. *O Seminário, livro 20*: Mais, ainda. Tradução de M. D. Magno. Rio de Janeiro: Jorge Zahar Ed., 1985. (Trabalho original proferido em 1972-73). p. 160.
9. LACAN, J. *Meu ensino*. Rio de Janeiro: Jorge Zahar Ed., 2006. (Trabalho original publicado em 1967).
10. DESCARTES, R. *As paixões da alma*. Artigos LIII e LXX. Artigo 53: A admiração. 1649.
11. LACAN, J. Conférences et entretiens dans les universités nord-américaines. *Silicet*, n. 6/7, 1976. p. 9. Tradução nossa.
12. COTTRAUX, J. La psychanalyse est une imposture. *Lyon Mag*, n. 151, out. 2005. Tradução nossa.
13. LACAN, J. Ouverture de la Section Vlinique. *Ornicar?*, n. 9, 1977. p 7-14. Tradução nossa.
14. Nota do Tradutor: Neologismo criado por Lacan, *lalangue*, "a língua", em uma só palavra, traduzida para o português como "lalíngua".
15. O som da palavra "ou", em francês, soa como "u" em português.
16. Como "uu" em português.
17. Em francês, "ou bien", que significa "ou então".
18. Junção em francês de "mot" (palavra) e "matérialité" (materialidade).

19. "Mère-nicieuse". Trata-se da junção de "mãe" e "perniciosa", jogando com as palavras ao substituir o "per", que soa como "père", "pai", por "mère", "mãe".

20. O passe é um dispositivo inventado por Lacan para verificar em sua Escola a passagem do analisante a psicanalista.

21. LACAN, J. Proposição de 9 de outubro de 1967 sobre o psicanalista da Escola. In: *Outros escritos*. Rio de Janeiro: Jorge Zahar Ed., 2003. p. 248-264. (Trabalho original publicado em 1967). p. 260.

22. FREUD, S. Sobre a psicoterapia. In: *Edição Standard das Obras Completas de Sigmund Freud*. Tradução de Jayme Salomão. Rio de Janeiro: Imago, Vol. VII, 1972 (Trabalho original publicado em 1904). p. 274.

23. FREUD, S. Notas psicanalíticas sobre um relato autobiográfico de paranoia (*dementia paranoides*) (O Caso Schreber). In: *Edição Standard das Obras Completas de Sigmund Freud*. Tradução de Jayme Salomão. Rio de Janeiro: Imago, Vol. XII, 1969. (Trabalho original publicado em 1911).

24. Ibid., p. 95.

25. FREUD, S.; FERENCZI, S. *Correspondência completa 1914-1916:5*. Rio de Janeiro: Imago, 1994, Vol. I, Tomo 1. p. 65.

26. FREUD, S. O inconsciente. In: *Edição Standard das Obras Completas de Sigmund Freud*. Tradução de Jayme Salomão. Rio de Janeiro: Imago, Vol. XIV, 1996. (Trabalho original publicado em 1915). p. 232.

27. FREUD, S. A perda da realidade na neurose e na psicose. In: *Edição Standard das Obras Completas de Sigmund Freud*. Tradução de Jayme Salomão. Rio de Janeiro: Imago, Vol. XIX, 1976. (Trabalho original publicado em 1924). p. 234.

28. LACAN, J. De uma questão preliminar a todo tratamento possível da psicose. In: *Escritos*. Tradução de Vera Ribeiro. Rio de Janeiro: Jorge Zahar Ed., 1998, p. 537-590. (Trabalho original proferido em 1957-58). p. 553.

29. Ibid., p. 553.

30. SEARLES, H. O esforço para enlouquecer o outro: um elemento na etiologia e na psicoterapia da esquizofrenia. In: VELHO, G; FIGUEIRA, S. A. (org). *Família, Psicologia e Sociedade*. Rio de Janeiro: Ed. Campus, 1981. (Trabalho original publicado em 1959).

31. GREEN, A. *A loucura privada*: psicanálise de casos-limite. São Paulo: Editora Escuta, 2017. (Coleção Pathos).

32. LACAN, J. De uma questão preliminar a todo tratamento possível da psicose. In: *Escritos*. Op. cit. p. 548.

33. Ibid., p. 549.

34. Ibid., p. 552.

35. Ibid., p. 578.

36. Ibid., p. 580.

37. Ibid., p. 583.

38. Ibid., p. 588.

39. Ibid., p. 590.

40. LACAN, J. *O Seminário, livro 3*: As psicoses. Op. cit. p. 220.

41. Ibid., p. 285.

42. Ibid., p. 285.

43. Ibid., p. 235.

44. FREUD, S. Compêndio da psicanálise e outros escritos inacabados. In: *Obras incompletas de Sigmund Freud*. Tradução de Pedro Heliodoro Tavares. Belo Horizonte: Autêntica, 2019. p. 89.
45. Em francês, aimée significa "amada".
46. LACAN, J. O caso 'Aimée' ou a paranoia de autopunição. In: *Da psicose paranoica em suas relações com a personalidade*. 2. ed. Tradução de Aluísio Menezes, Marco Antônio Coutinho Jorge e Potiguara Mendes Silveira Jr. Rio de Janeiro: Forense-Universitária, 2011. (Trabalho original publicado em 1932).
47. LACAN, J. Conferência de 24 de novembro de 1975. Yale University. (Seminário Kanzer). In: DENEZ, F.; VOLACO, G. C. (org.). *Lacan in North Armorica*. Porto Alegre: Editora Fi, 2016. Tradução nossa.
48. LACAN, J. *Da psicose paranoica em suas relações com a personalidade*. Op. cit. p. 266.
49. LACAN, J. De uma questão preliminar a todo tratamento possível da psicose. In: *Escritos*. Op. cit. p. 590.
50. LACAN, J. *O Seminário, livro 3*: As psicoses. Op. cit. p. 285.
51. LACAN, J. Ouverture de la Section Clinique. *Ornicar?*. Op. cit.
52. LACAN, J. *O Seminário, livro 3*: As psicoses. Op. cit. p. 279.
53. LACAN, J. Apresentação das *"Memórias de um doente de nervos"*. In: *Outros escritos*. Tradução de Vera Ribeiro. Rio de Janeiro: Jorge Zahar Ed., 2003, p. 219-223. (Trabalho original publicado em 1966).
54. Ibid., p. 223.
55. ESQUIROL, É. *Des maladies mentales considérées sous les rapports médical, hygiénique et médico-légal*. Paris: Baillère Éditeur, 1938. p. 32.
56. CLÉRAMBAULT, G. Érotomanie pure, érotomanie associe. In: *Bulletin de la Société Clinique de Medicine Mentale*. Paris, jul. 1921.
57. LACAN, J. De uma questão preliminar a todo tratamento possível da psicose. In: *Escritos*. Op. cit. p. 572.
58. LACAN, J. *Da psicose paranoica em suas relações com a personalidade*. Op. cit. p. 187.
59. LACAN, J. De uma questão preliminar a todo tratamento possível da psicose. In: *Escritos*. Op. cit. p. 578.
60. MILLER, J.-A. Sur la leçon des psychoses. *Actes de l'École de la Cause freudienne*, n. 13, jun. 1987. p. 144.
61. LACAN, J. Kant com Sade. In: *Escritos*. Rio de Janeiro: Jorge Zahar Ed., 2003. p. 765-803. (Trabalho original publicado em 1963). p. 783.
62. DEUTSCH, H. Aspects cliniques et théoriques des personnalités "comme si". In: *Les "comme si" et autres textes*. Paris: Seuil, 2007.
63. KESTEMBERG, É. *La psychose froide*. Paris: PUF, 2001.
64. DONNET, J-L. *L'Enfant de ça — Psychanalyse d'un entretien: la psychose blanche*. Paris: Éditions de Minuit, 1973.
65. MILLER, J-A. Clínica fluida (*floue*). *A psicose ordinária*: A Convenção de Antibes. Tradução de José Luiz Gaglianoni et al. Belo Horizonte: Scriptum Livros/Escola Brasileira de Psicanálise, 2012. p. 242.
66. LAURENT, É.; MILLER, J-A. A *pfuit*! do sentido. In: BATISTA, M. do C. D.; LAIA, S. (Orgs.). *A psicose ordinária*: A Convenção de Antibes. Op. cit. p. 273.

67. LACAN, J. Conferência em Genebra sobre o sintoma. *Opção Lacaniana*, n. 23, p. 6-16, dez. 1998. (Trabalho original proferido em 1975).
68. LACAN, J. O aturdito. In: *Outros Escritos*. Rio de Janeiro: Jorge Zahar Ed., 2003, p. 488-497. (Trabalho original publicado em 1973).
69. LACAN, J. *O Seminário, livro 3*: As psicoses. Op. cit. p. 230-233.
70. DEUTSCH, H. Aspects cliniques et théoriques des personnalités "comme si". In: *Les "comme si" et autres textes*. Op. cit.
71. MILLER, J.-A. Efeito do retorno à psicose ordinária. In: BATISTA, M. do C. D.; LAIA, S. (Orgs.). *A psicose ordinária*: A Convenção de Antibes. Tradução de José Luiz Gaglianoni et al. Belo Horizonte: Scriptum Livros/Escola Brasileira de Psicanálise, 2012. (Trabalho original proferido em 2008). p. 412-426.
72. LACAN, J. De uma questão preliminar a todo tratamento possível da psicose. In: *Escritos*. Op. cit.
73. LACAN, J. *O Seminário, livro 1*: Os escritos técnicos de Freud. Rio de Janeiro: Jorge Zahar Ed., 1979. (Texto original proferido em 1953-54). p. 107-127.
74. LACAN, J. Alocução sobre as psicoses da criança. In: *Outros escritos*. Tradução de Vera Ribeiro. Rio de Janeiro: Jorge Zahar Ed., 2003, p. 359-368. (Trabalho original proferido em 1967).
75. LACAN, J. De uma questão preliminar a todo tratamento possível da psicose. In: *Escritos*. Op. cit. p. 563.
76. SCHREBER, D. P. *Memórias de um doente dos nervos*. São Paulo: Ed. Graal, 1985.
77. FREUD, S. A perda da realidade na neurose e na psicose. In: *Edição Standard das Obras Completas de Sigmund Freud*. Tradução de Jayme Salomão. Rio de Janeiro: Imago, Vol. XIX, 1976. (Trabalho original publicado em 1924). p. 234.
78. FREUD, S. *La naissance de la psychanalyse*, Paris: PUF, 1979.
79. FREUD, S. O inconsciente. In: *Edição Standard das Obras Completas de Sigmund Freud*. Op. cit. p. 185-245.
80. Ibid., p. 244.
81. Ibid., p. 225.
82. Ibid., p. 225.
83. Ibid., p. 226.
84. N.T.: Aqui há uma referência entre as palavras "viol" (violação) e "lent" (lenta).
85. FREUD, S. O inconsciente. In: *Edição Standard das Obras Completas de Sigmund Freud*. p. 227.
86. Ibid., p. 233.
87. LACAN, J. Le Symptôme. *Le Bloc-notes de la psychanalyse*, n. 5, p. 5-23, 1985.
88. MILLER, J.-A. Clínica irônica. In: *Matemas I*. Tradução de Sérgio Laia. Rio de Janeiro: Jorge Zahar Ed., 1996, p. 190-199.
89. LACAN, J. *O Seminário, livro 23*: O sinthoma. Texto estabelecido por Jacques-Alain Miller. Tradução de Sérgio Laia. Rio de Janeiro: Jorge Zahar Ed., 2007. (Trabalho original proferido em 1975-76). p. 159.
90. LACAN, J. Secretários do alienado. In: *O Seminário, livro 3*: As psicoses. Op. cit. p. 235.
91. LACAN, J. De nossos antecedentes. In: *Escritos*. Tradução de Vera Ribeiro. Rio de Janeiro: Jorge Zahar Ed., 1998. p. 70.
92. LACAN, J. O aturdido. In: *Outros escritos*. Op. cit. p. 448.

93. MILLER, J.-A. Clínica irônica. In: *Matemas*. Op. cit. p. 191.
94. DELEUZE, G; GUATTARI, F. *O anti-Édipo*: capitalismo e esquizofrenia. São Paulo: Editora 34, 2010.
95. LACAN, J. *O Seminário, livro 4*: A relação de objeto. Rio de Janeiro: Jorge Zahar Ed., 1995. (Trabalho original proferido em 1956-57). p. 29.
96. N.T.: Terminologia do Direito que estima que a pena dada foi insuficiente.
97. N.T.: Ressonância magnética.
98. LACAN, J. Alocução sobre as psicoses da criança. In: *Outros escritos*. Op. cit. p. 359.
99. Ibid., p. 367.
100. "La maison de la hache".
101. "Rue du Cimetière".
102. N.T.: Referência ao nome do autor/analista.
103. Neologismo criado por Lacan a partir de "dit", "dito", e "mension", "menção".
104. LACAN, J. O estádio do espelho como formador da função do eu. In: *Escritos*. Rio de Janeiro: Jorge Zahar Ed., 1998. (Trabalho original proferido em 1949). p. 96.
105. LACAN, J. A esquize do olho e do olhar. In: *O Seminário, livro 11*: Os quatro conceitos fundamentais da psicanálise. Texto estabelecido por Jacques-Alain Miller. Rio de Janeiro: Jorge Zahar Ed., 1985. (Trabalho original proferido em 1964).
106. CLÉRAMBAULT, G. Les Délires passionnels: érotomanie, revendication, jalousie. In: *Bulletin de la Société clinique de medicine mentale*. Paris, 1921.
107. LACAN, J. *Da psicose paranoica em suas relações com a personalidade* . Op. cit. p. 187.
108. LACAN, J. Conferência de 24 de novembro de 1975. Yale University (Seminário Kanzer). In: DENEZ, F.; VOLACO, G. C. (org.). *Lacan in North Armorica*. Op. cit.
109. FREUD, S. Observações sobre o amor transferencial. In: *Edição Standard das Obras Completas de Sigmund Freud*. Rio de Janeiro: Imago, Vol. XII, 2006, p. 207-226. (Trabalho original publicado em 1915).
110. LACAN, J. Ouverture de la Section Clinique. *Ornicar?*. Op. cit. p. 13. Tradução nossa.
111. Na Grécia Antiga, o "eromenos" era o jovem que tinha relações amorosas com homens mais velhos.
112. LACAN, J. A mola do amor. In: *O Seminário, livro 8*: A transferência. Rio de Janeiro: Jorge Zahar Ed., 1992, p. 27-165. (Trabalho original proferido em 1960-61).
113. Termo forjado por Lacan para designar a mescla de sentimentos entre amor e ódio. Cf.: LACAN, J. *O seminário, livro 20*: Mais, ainda. Op. cit. p. 122.
114. LACAN, J. *Petit discours aux psychiatres de Sainte-Anne*. Op. cit.
115. LACAN, J. Apresentação das *"Memórias de um doente de nervos"*. In: *Outros escritos*. Op. cit. p. 223.
116. FREUD, S. A perda da realidade na neurose e na psicose. In: *Edição Standard das Obras Completas de Sigmund Freud*. Op. cit.
117. FREUD, S. Construções em análise. In: *Edição Standard das Obras Completas de Sigmund Freud*. Tradução de Jayme Salomão. Rio de Janeiro: Imago, 1975, Vol. XXIII. (Trabalho original publicado em 1937). p. 289.

118. LEBOVICI, S.; MC DOUGALL, J. *Diálogo com Sammy*: uma contribuição à compreensão da psicose infantil. Tradução de Pedro Henrique Bernardes Rondon. São Paulo: Martins Fontes, 2001.

119. "Certificat d'aptitude professionnele", diploma profissional expedido pelo Estado.

120. LACAN, J. *Le Séminaire, livre II*: Le moi dans la théorie de Freud et dans la technique de la psychanalyse. Paris: Seuil, 1997. p. 223. Tradução nossa.

121. LACAN, J. Do significante no real, e do real no uivo. *O Seminário, livro 3*: As psicoses. Op. cit. p. 160.

122. LACAN, J. Função e campo da fala e da linguagem em psicanálise. In: *Escritos*. Rio de Janeiro: Jorge Zahar Ed., 1998. (Trabalho original proferido em 1953). p. 322.

123. LACAN, J. De nossos antecedentes. In: *Escritos*. Op. cit. p. 70.

124. MAHLER, M. *As psicoses infantis e outros estudos*. Porto Alegre: Artes Médicas, 1983.

125. "Ex-sistait", em francês.

126. LACAN, J. Proposição de 9 de outubro de 1967 sobre o psicanalista da Escola. In: *Outros escritos*. Op. cit.

127. "mẽtre".

128. Association de Gestion du centre Thérapeutique et de Recherches de Nonette (AGCTRN), Route de Parentignat, 63340, NONETTE. Diretor: J.-P. Rouillon. Responsável terapêutico: Dr. J.-R. Rabanel.

129. LACAN, J. Alocução sobre as psicoses da criança. *In: Outros escritos*. Op. cit. p. 362.

130. Ibid.

131. SCHUMACHER, E.-F. *O negócio é ser pequeno (Small is Beautiful)*. Rio de Janeiro: Jorge Zahar Ed., 1979.

132. Associação Departamental dos Amigos e Parentes de Pessoas Deficientes Mentais.

133. LACAN, J. *Du discours psychanalitique*. Discurso de Jacques Lacan em Milão em 12 de maio de 1972. Tradução nossa.

134. HLM é um tipo de conjunto habitacional.

135. Psicanalista, membro da École de la Cause freudienne (ECF) e da Associação Mundial de Psicanálise (AMP), responsável terapêutico do Centre Thérapeutique et de Recherche de Nonette.

136. LACAN, J. LACAN, J. Ouverture de la Section Clinique. *Ornicar?*. Op. cit.

137. Ibid.

138. MILLER, J.-A. Le *Conciliabule d'Angers*: effets de surprise dans les psychoses. Paris: Agalma, 1997.

139. MILLER, J.-A. *Os casos raros, inclassificáveis, da clínica psicanalítica*: A Conversação de Arcachon. São Paulo: Biblioteca Freudiana Brasileira, 1998.

140. MILLER, J.-A. *A psicose ordinária*: A Convenção de Antibes. Tradução de José Luiz Gaglianoni et al. Belo Horizonte: Scriptum Livros/Escola Brasileira de Psicanálise, 2012.

CONHEÇA OS TÍTULOS PUBLICADOS PELA COLEÇÃO BIP

- *A droga do toxicômano: uma parceria cínica na era da ciência*, de Jésus Santiago, 2017.
- *A distinção do autismo*, de Rosine Lefort e Robert Lefort; Tradução de Ana Lydia Santiago e Cristina Vidigal, 2017.
- *O que esse menino tem? Sobre alunos que não aprendem e a intervenção da psicanálise na escola*, de Ana Lydia Santiago e Raquel Martins Assis, 2018.
- *Fundamentos da prática lacaniana: risco e corpo*, de Angelina Harari, 2018.
- *A supervisão (controle) na formação do psicanalista*, de Rômulo Ferreira da Silva, 2019.
- *Lacan e a solução elegante na psicose*, de Henri Kaufmanner, 2023.

Coleção BIP
Biblioteca do Instituto de Psicanálise

1ª EDIÇÃO [2023]

Esta obra foi composta em Minion Pro e Din sobre papel
Pólen Soft 80 g/m² para a Relicário Edições.